PUEBLOS
DE ESPAÑA

CRÉDITOS FOTOGRÁFICOS

Toni Catany: 58, 61
CINE, S.L./Antonio Menéndez Castell/Antonio Vaquero: 154-155
David Jiménez: 164, 165, 166, 167
Xurxo Lobato: 152 arriba
Félix Lorrio: 62-63
Marc Llimargas i Casas: 170
Ramon Manent: 152 abajo, 153, 156, 157
Óscar Masats: 158, 159, 160, 161, 162, 163
Ramon Masats: 60, 65
Domi Mora: portada centro-izquierda, 2, 14, 15, 16, 17, 18, 19, 20-21, 22, 23, 24-25, 26, 27, 28, 29 (detalle en portada arriba-centro), 30, 31, 32, 33, 34, 35 (detalle en portada arriba-izquierda), 36 arriba (detalle en portada abajo-derecha), 36 abajo, 37, 38-39, 40, 41, 42, 43, 44, 45, 46-47, 48, 49, 50 (detalle en contraportada izquierda), 51, 52, 53, 54-55, 56, 57, 64, 66, 67, 68, 69, 70 (detalle en portada abajo-izquierda), 71, 72, 73, 74-75, 76-77, 78, 79, 80-81, 82, 83, 84, 85, 86, 87, 88, 89, 90, 91, 91 abajo-derecha (detalle en contraportada derecha), 92, 93, 94-95, 96, 97, 98-99, 100, 101, 102-103, 104, 105, 106, 107, 108, 109, 110, 111, 112, 113, 114, 115, 116, 117, 118-119, 120, 121, 122, 123, 124, 125, 126, 127, 128, 129, 130, 131, 132-133, 134, 135 (detalle en portada arriba-derecha), 136, 137, 138, 139, 140-141, 142, 143, 144, 145, 146, 147, 148, 149 (detalle en portada centro-derecha), 150, 151, 178, 179, 180-181, 182, 183, 184, 185, 186, 187 (detalle en portada abajo-centro), 188, 189, 190-191 (detalle en contraportada centro), 192, 193, 194, 195, 196, 197, 198, 199, 200, 201, 202, 203, 204, 205, 206, 207, 208, 209, 210, 211, 212-213, 214-215
Francisco Ontañón: 168-169, 171, 172, 173, 174, 175, 177
Manel Pérez: 59

© Lunwerg, S.L., 2009
Diagonal, 662-664 - 08034 BARCELONA
lunwerg@lunwerg.com
© de los textos, sus autores
© de las imágenes, sus autores

www.lunwerg.com

Concepto: Javier Ortega
Diseño y maquetación: Susana Pozo

ISBN: 978-84-9785-575-4
Depósito legal: B-36.481-2009

No se permite la reproducción total o parcial de este libro, ni su incorporación a un sistema informático, ni su transmisión en cualquier forma o por cualquier medio, sea éste electrónico, mecánico, por fotocopia, por grabación u otros métodos, sin el permiso previo y por escrito del editor. La infracción de los derechos mencionados puede ser constitutiva de delito contra la propiedad intelectual (Art. 270 y siguientes del Código Penal).

Impreso en España

MEDIUM

PUEBLOS
DE ESPAÑA

Introducción
Luis **Carandell**

Albert **Ollé Martín**

LUNWERG
EDITORES

Contenidos

Introducción_08

Andalucía_14
Carmona_14
Sevilla
Mojácar_22
Almería
Ronda_28
Málaga

Aragón_36
Albarracín_36
Teruel
Sos del Rey Católico_44
Zaragoza

Principado de Asturias_50
Cudillero_50

Islas Baleares_58
Ciutadella_58

Islas Canarias_64
La Orotava_64
Santa Cruz de Tenerife

Cantabria_70
Santillana del Mar_70

Castilla-La Mancha_78
Sigüenza_78
Guadalajara
Villanueva de los Infantes_86
Ciudad Real

Castilla y León_92
La Alberca_92
Salamanca
Pedraza_100
Segovia

Cataluña_108
Cadaqués_108
Girona
Rupit_116
Barcelona

Extremadura_122
Jerez de los Caballeros_122
Badajoz
Trujillo_130
Cáceres

Galicia_138
Combarro_138
Pontevedra
O Cebreiro_146
Lugo

La Rioja_152
Santo Domingo de la Calzada_152

Comunidad de Madrid_158
Aranjuez_158
San Lorenzo de El Escorial_164

Región de Murcia_172
Lorca_172

Navarra_178
Estella_178

Comunidad Valenciana_186
Morella_186
Castellón
Peñíscola_194
Castellón

País Vasco_200
Laguardia_200
Álava
Ondárroa_208
Vizcaya

Introducción

Atienza es un pueblo de la sierra de Guadalajara que no tiene más allá de trescientos habitantes, en invierno, menos incluso, y que, sin embargo, ofrece al visitante hermosas iglesias, casas señoriales con escudos y nada menos que dos museos de arte religioso. Por no hablar de su soberbio castillo... No es infrecuente encontrarse en España con pueblos como éste. Pueblos que perdieron mucho de su pasado esplendor pero que conservan un tesoro de arte, y que por la belleza del paisaje en que están enclavados, por la tranquilidad y falta de prisas en que allí se vive y por la hospitalidad de sus habitantes, son altamente acogedores.

Los pueblos, podría decirse, son las joyas de España.

A cualquiera que haya viajado un poco por el país le vienen a la cabeza los nombres de muchos pueblos a los que podría aplicarse esta frase sin exageración alguna: Santillana del Mar, La Alberca, Miranda del Castañar, Castrillo de los Polvazares, Trujillo, El Viso del Marqués, Chinchilla, Ateca, Uncastillo, Sos del Rey Católico, Albarracín, Montblanc, Besalú, Icod de los Vinos...

Todos ellos, y otros muchos, podrían optar al título, siempre inseguro, de «El pueblo más bonito de España». Jean-Paul Sartre se lo adjudicó a Santillana a través del personaje de *La náusea*. Unamuno pensaba quizá que el más bello era La Alberca, animado por su pasión salmantina. Azorín habría elegido Argamasilla de Alba o El Toboso. Juan Ramón Jiménez se habría inclinado por Moguer; Antonio Machado, por Baeza o tal vez por los pueblos del Urbión soriano. Los hay para todos los gustos.

Los tamaños de estos pueblos varían mucho según las regiones en que se encuentren. Los pueblos andaluces son grandes, más ciudades que pueblos. En Castilla, en Aragón, en Cataluña o Extremadura abundan los pueblos de tamaño mediano. En Galicia suelen tener un núcleo central donde está la iglesia, el ayuntamiento y donde transcurre la vida económica; la población se distribuye en aldeas dependientes del municipio. En el País Vasco, en caseríos.

Se asegura que España tiene el segundo patrimonio del mundo en importancia, después del de Italia. Pero en ese patrimonio no debe incluirse sólo el que encierran las grandes ciudades, con sus museos, sus catedrales o sus edificios civiles. Viajando por el país, se sorprende uno al encontrar en núcleos de población muy pequeños templos y casonas monumentales con un alto valor artístico. Bastaría decir que gran parte de la arquitectura románica de España se encuentra en pueblos muy pequeños, en aldeas a veces. Y no se trata solamente de la arquitectura que puede englobarse en un determinado estilo. La arquitectura popular ha desaparecido prácticamente de las ciudades, pero se mantiene en los pueblos, a pesar de la modernización que han experimentado a partir de los años del desarrollo económico.

En la Tierra de Campos de Castilla y León se conservan edificios y tapiales de adobe, ladrillo sin cocer de tradición milenaria, que se solía enjalbegar con una mezcla de barro y paja. Los pueblos serranos, en muchas regiones del país, han preservado su «arquitectura negra», que emplea exclusivamente la pizarra en paredes y tejados. Las gentes de La Mancha siguen encalando periódicamente sus casas, de manera que las aristas de los muros, a fuerza de capas de cal, van adquiriendo formas redondeadas. Esta arquitectura no es obra de arquitectos, sino de campesinos o de pescadores que conocían por tradición familiar el arte de la construcción. El criterio que les guiaba era el de la utilidad y, paradójicamente, dejaron obras que hoy nos parecen muy bellas y, sobre todo, muy bien adaptadas al medio natural donde se construyeron.

De ahí que estas edificaciones estén perfectamente encajadas en el paisaje. Se emplean para ellas los materiales del lugar, de manera que su forma y color no desentonan nunca del entorno. En los años del auge del turismo se construyeron, sobre todo en los pueblos de la costa, muchos edificios cuyos arquitectos no tuvieron en cuenta la tradición constructiva local y que estaban pensados para obtener el máximo rendimiento económico del espacio disponible. Cuando no eran muestras de una arquitectura apropiada para climas y ambientes naturales distintos al nuestro. Por poner un ejemplo, los edificios con grandes aberturas acristaladas son muy apropiados para el norte de Europa, donde se debe aprovechar al máximo la escasa luz del sol. En el caluroso sur esos edificios son inhabitables o resulta muy caro mantener en ellos una temperatura agradable mediante sistemas de refrigeración. Los constructores anónimos que hicieron los pueblos conocían mejor que los arquitectos el tipo de edificación que necesitaban. La modernización del país ha hecho que no pocos pueblos hayan quedado sepultados bajo moles de hormigón.

La arquitectura popular

En algunos pueblos todavía se encuentra uno a personas que no aprendieron las técnicas constructivas en ninguna escuela, sino que las heredaron de sus mayores. Saben hacer perfectos muros de piedra sin utilizar cemento, conocen el arte de la cantería, pueden arreglar en su casa cualquier desperfecto e incluso podrían construirla por completo si las normas urbanísticas se lo permitieran.

De esta sabiduría ancestral que los jóvenes ya no comparten ha surgido a lo largo del tiempo la arquitectura popular. Se observa a menudo que la casa no está nunca terminada del todo, sino que va creciendo según las necesidades de la familia. El mejor ejemplo de ello lo encontramos en las casas de campo de las islas de Ibiza y Formentera, de tradición secular pero de una modernidad sorprendente, hasta el punto que se ha copiado su estilo para la construcción de casas de veraneo. Constan de una gran habitación central con hogar y sin tabiques de separación, fresca en verano por el grosor de sus muros y fácil de calentar en invierno. En las construcciones tradicionales, a medida que la familia crecía, se iban añadiendo a la casa otros «módulos» de forma cúbica comunicados con el edificio principal.

De tradición milenaria, posiblemente celta, son las llamadas pallozas, de las que quedan muchas muestras en la sierra de los Ancares, entre León y Galicia, una de las regiones que mejor conserva las construcciones primitivas. Tienen forma redonda, con muros de pizarra y techo de paja cónico. El hogar está en el centro de la estancia circular y el humo sale por la cubierta vegetal sin necesidad de chimenea. Algunas de estas pallozas han estado habitadas hasta hace muy poco tiempo. Las del pueblo de Piornedo han sido declaradas de interés histórico-artístico. Son especialmente conocidas las del pueblo de O Cebreiro, uno de los hitos importantes del Camino de Santiago que actualmente recorren muchos peregrinos. Las pallozas suelen tener también añadidos laterales, techados igualmente con paja y destinados a cuadras o graneros.

En algunos pueblos de Soria, como Villardeciervos o Calatañazor, el lugar donde se sitúa la mentira histórica de que allí perdiera Almanzor el tambor al ser derrotado por los cristianos, se sigue manteniendo en pie lo que con toda exactitud se llama la «chimenea celtibérica». Cuando los romanos, hace más de dos mil años, llegaron a la Península, las gentes de la alta meseta vivían en casas muy parecidas a algunas de las que todavía se conservan en estos pueblos. La estructura de la casa tiene forma cónica, aunque desde fuera no se diferencia de las demás construcciones. La chimenea cónica ocupa toda la planta y las habitaciones se distribuyen alrededor de ella, de forma que el fuego que arde en el centro de la estancia donde se hace la vida en común calienta toda la casa. Las paredes de estas chimeneas están ennegrecidas por el humo de siglos.

Se podrían poner muchos otros ejemplos de la pervivencia de la arquitectura popular tradicional que hace la belleza de los pueblos de España. Nos los encontraremos en nuestro viaje. Pero esos pueblos ofrecen mucho más. En ellos, el viajero se sorprenderá al descubrir preciosos ejemplos de lo que podríamos llamar arquitectura culta. Don Miguel de Unamuno, gran degustador de lo auténtico, solía decir que las poblaciones que más le gustaban eran aquellas que, sin ser capitales de provincia, tienen obispado. Las sedes episcopales corresponden, como es sabido, a una división territorial mucho más antigua que la que los políticos hicieron en el siglo XIX, pues procede de los tiempos en que Roma conquistó y administró lo que entonces se llamaba Hispania.

Ésta es la razón de que hoy encontremos obispados en ciudades o villas mucho menos importantes que las capitales de la demarcación provincial a que pertenecen. Hasta hace relativamente poco tiempo, Madrid no tenía obispado. La sede estaba en Alcalá de Henares, la Complutum de los romanos. En la provincia de Guadalajara, el obispado está en Sigüenza; en la de Alicante, en Orihuela. Y sucede que en no pocas provincias hay más de un obispado.

Muchas de las sedes episcopales tienen categoría de ciudades, pero hay otras que se pueden considerar pueblos por el reducido número de sus habitantes. En muchos casos no se puede precisar bien qué requisitos necesita una población para ser llamada ciudad y dejar de llamarse pueblo. Las capitales de provincia lo son siempre, independientemente de las cifras de su censo. Otras lo son porque algún rey antiguo les dio ese título. Las hay que gustan de denominarse «villas». Madrid, por ejemplo, que es Corte y Villa al mismo tiempo. Pero sucede que la gente habla de «mi pueblo» aunque viva en lugares que no puedan llamarse así. Los abuelos de los actuales madrileños solían decir: «Viva Madrid, que es mi pueblo».

Hay así muchas clases de pueblos, desde las ínfimas aldeas donde viven unos pocos vecinos –en el más pequeño que tengo registrado, Alpedroches, de Guadalajara, sólo vive uno–, hasta los «pueblos buenos», pasando por los «pueblos de mala muerte», los «pueblitos» y los «pueblecitos». En algunas regiones, los pueblos son más grandes de lo que parece porque al núcleo central se añaden los «barrios», «caseríos» o «pedanías» de su término, situados a menudo a considerable distancia del lugar donde está el ayuntamiento del que dependen.

«Donde nos conocemos todos»

Una buena definición de «pueblo» podría ser la de «el lugar donde todos los que viven en él se conocen». Así me lo han dicho muchas veces en mis andanzas por España. No es una definición científica pero precisa el concepto de pueblo mejor que las estadísticas, que por sí solas no sirven para esta difícil clasificación.

La conciencia local es muy fuerte en España. Los pueblos quieren conservar a toda costa sus señas de identidad, de las que están orgullosos aunque no ofrezcan gran cosa y simplemente porque son peculiares de cada uno: los edificios notables que su recinto contiene, sus paisajes, especialidades gastronómicas o bien la esplendidez y originalidad de sus fiestas patronales. De ahí que la descripción de los pueblos quedaría incompleta si la hiciéramos de una forma estática, sin tener en cuenta sus formas de vida y sus costumbres.

«En fiestas es cuando tiene usted que ver el pueblo», le dicen al viajero en cualquiera de los que visite. Y es cierto. Ésos son los días más esperados del año. El pueblo se engalana, la gente olvida sus disgustos y rencores y reina la alegría y la hospitalidad que se califica tópicamente de tradicional. Se invita con espontánea generosidad a los forasteros. Y muchos de los que emigraron para trabajar en ciudades de España o de otros países de Europa regresan en esos días al pueblo y se disfrazan con los trajes propios de la fiesta. Llevan las andas de la Virgen o del santo patrón en las procesiones, saltan hogueras, participan en carreras de caballos o, si no pueden hacer algunas de estas cosas, aportan su dinero para que no se pierdan las tradiciones.

Las fiestas duran entre una y dos semanas, según las posibilidades del pueblo y de sus vecinos. La diversión es el mejor y más rentable trabajo. La pasión por las fiestas parece ser el común denominador de todos los pueblos de España. El mismo día en que terminan las de un año, empiezan los preparativos de las del año siguiente. La frase definitoria de la actitud de los españoles ante la fiesta no tiene fácil traducción a otros idiomas. Lo que se hace es «echar la casa por la ventana».

- **Andalucía**
  - Carmona (Sevilla)
  - Mojácar (Almería)
  - Ronda (Málaga)

- **Aragón**
  - Albarracín (Teruel)
  - Sos del Rey Católico (Zaragoza)

- **Principado de Asturias**
  - Cudillero (Asturias)

- **Islas Baleares**
  - Ciutadella (Menorca)

- **Islas Canarias**
  - La Orotava (Isla de Tenerife)

- **Cantabria**
  - Santillana del Mar

- **Castilla-La Mancha**
  - Sigüenza (Guadalajara)
  - Villanueva de los Infantes (C. Real)

- **Castilla y León**
  - La Alberca (Salamanca)
  - Pedraza (Segovia)

- **Cataluña**
  - Cadaqués (Girona)
  - Rupit (Barcelona)

Carmona

Sevilla

Situación:
En la provincia de Sevilla, Comunidad Autónoma de Andalucía.

Población:
27.950 habitantes.

Altitud:
235 m

Clima:
Mediterráneo meridional, con inviernos muy benignos y veranos muy calurosos.

Cómo llegar:
Desde Sevilla, que cuenta con aeropuerto, en coche o autobús por la Autovía del Sur.

Temporada de visita:
En primavera, para evitar los calores veraniegos.

Fiestas:
Feria de Mayo, en la tercera semana de mayo; del 8 al 16 de septiembre, fiestas patronales, romería a la Virgen de Gracia. Viernes, mercadillo.

Información de turismo:
☎ 954 19 09 55 ✉ turismo@carmona.org

Página web:
www.carmona.org

Datos de interés:

☑ Carmona ha sido testigo del paso de turdetanos, fenicios, cartagineses, romanos, visigodos, sarracenos y castellanos. Sus principales monumentos son, en orden cronológico, la puerta de Sevilla, la necrópolis y el anfiteatro romanos, los alcázares de la puerta de Sevilla y el Rey Don Pedro, las iglesias de Santiago (siglo XIV), de San Blas (siglos XIV-XVIII), de Santa María (siglos XV-XVI), de San Pedro (siglos XVI-XVII), de San Felipe (siglos XVI-XVIII) y de San Bartolomé (siglo XVII-XVIII) y los conventos de Santa Clara (siglo XV) y de la Santísima Trinidad (siglo XVIII). Especialidades gastronómicas: las papas en amarillo con bacalao, los revoltijos y las migas.

Carmona_Sevilla

Un paseo por Carmona es toda una lección de historia, y ello de la manera más amena que imaginarse pueda: caminando por sus calles y contemplando su patrimonio arquitectónico, un auténtico museo de historia de Andalucía con muestras de las diferentes civilizaciones que desde la noche de los tiempos se han sucedido en la región. La ciudad de Carmona está estratégicamente situada sobre la meseta de Los Alcores, en el extremo septentrional, en la parte más alta y más escarpada de la misma, lo cual la convierte en una auténtica fortaleza natural que domina la fértil vega del Guadalquivir; ello le ha valido ser objeto de disputa de todos los pueblos que se han enfrentado para dominar Andalucía. Aunque se han encontrado vestigios arqueológicos del paleolítico, el neolítico y la Edad del Bronce, la ciudad como tal fue fundada por la civilización tartesia en el siglo IX a.C. Más tarde, fue ocupada por los cartagineses, que construyeron un bastión y unos fosos defensivos de los que todavía quedan vestigios en la puerta de Sevilla. En el 206 a. C., en el marco de la segunda guerra púnica, fue conquistada por los romanos, que la convirtieron en una de las grandes capitales de la Bética. Así, la dotaron de las murallas que, modificadas en mayor o menor medida en la Edad Media por cristianos y musulmanes, son las que han llegado hasta nuestros días. Los romanos, conscientes de la importancia estratégica de la ciudad, hicieron pasar por ella la Vía Máxima, la futura Vía Augusta, que comunicaba Cádiz con Tarraco, y desde allí, cruzando la Galia, con la capital, Roma. De esta época son las murallas, la puerta de Sevilla, la de Córdoba, la necrópolis y el anfiteatro. Durante el período tardorromano y visigodo, Carmona sufrió una severa decadencia, la sociedad se ruralizó y la ciudad perdió el esplendor que había tenido en época imperial.

A partir del 713, la invasión musulmana revitalizó Carmona hasta el punto de convertirla en capital de una «cora», una de las unidades administrativas de al-Ándalus. Con la caída del califato de Córdoba, Carmona pasó a ser una taifa hasta su incorporación al reino de Sevilla en el 1042. A partir de esta

fecha, la ciudad sufrió la ocupación almorávide, que unificó al-Ándalus, y la almohade, responsable de la construcción del Alcázar de Arriba, o de Don Pedro. La ciudad fue reconquistada por Fernando III y definitivamente incorporada a la corona castellana en 1247. De la época musulmana quedan pocos vestigios: la intrincada red de callejuelas de su casco medieval, la estructura del patio de las abluciones de la antigua mezquita mayor, en lo que ahora es la prioral de Santa María, el citado Alcázar de Arriba, y la fortaleza de la puerta de Sevilla. El monarca castellano que más intervino arquitectónica y urbanísticamente en la ciudad fue Pedro I el Cruel (1334-1369), a quien se deben entre otras la reforma de la fortaleza de la puerta de Sevilla y la radical reforma del Alcázar de Arriba para convertirlo en residencia real. En el conflicto que enfrentó a Pedro I con Enrique II de Trastámara (1333-1379) por el trono castellano, la ciudad estuvo en el bando de Pedro I, que resultó vencido, lo que desencadenó una durísima represión sobre la población local, provocando una gran mortandad. Después de participar activamente en la toma de Granada, durante los siglos XVI y XVII Carmona vivió momentos de esplendor gracias al descubrimiento de América y a lo que éste supuso como activador del comercio andaluz. Fruto de esta riqueza, la arquitectura adquirió tanta relevancia que, en 1524, los dominicos de La Española y de Puerto Rico contrataron una numerosa cuadrilla de albañiles de Carmona, probablemente moriscos. Esta prosperidad continuó durante el siglo XVIII gracias a las mercedes concedidas por Felipe V a Carmona y otras ciudades andaluzas por su apoyo durante la guerra de Sucesión.

La invención de la Virgen de Gracia

Historia o leyenda, se cuenta que ante la invasión sarracena en el siglo VIII, los habitantes de Carmona ocultaron una imagen de la Virgen, «en lugar y cueva escondido [...] porque no viniese a manos de la gente bárbara». Allí permaneció durante cinco siglos hasta que, reconquistada la ciudad por las tropas castellanas, un pastor dio con ella. La imagen fue llevada al pueblo en solemne procesión, pero a la mañana siguiente había regresado milagrosamente a la cueva. Convencidos de la voluntad de la Virgen de permanecer allí, los carmonenses decidieron construirle una ermita para venerar a la que desde entonces se conoce como Virgen de Gracia.

21_Carmona

Mojácar

Almería

Situación:
A tres kilómetros del Mediterráneo, en la provincia de Almería, Comunidad Autónoma de Andalucía.

Población:
6.805 habitantes.

Altitud:
152 m

Clima:
Mediterráneo meridional; veranos calurosos y secos, inviernos muy benignos.

Cómo llegar:
En coche, desde Almería por la AL-12, desde Granada por la A-92 y desde Málaga por la A-7, la N-340 y la E-15. En autobús, desde Almería, Málaga, Granada, Madrid y Barcelona.

Temporada de visita:
Todo el año, en invierno la temperatura es muy suave, y en verano, el visitante puede refrescarse en la playa.

Fiestas:
Primer jueves de Cuaresma, Día de la Vieja, con comida campestre; en junio, fiestas de Moros y Cristianos; el 28 de agosto, fiestas de San Agustín; el 7 de octubre, fiestas de la Virgen del Rosario.

Información de turismo:
☎ 950 61 50 25 ✉ info@mojacar.es

Página web:
www.mojacar.es

Datos de interés:
☑ Conjunto de viviendas de tipo mediterráneo, de inmaculada blancura, de planta baja y piso, en empinadas callejuelas que evocan una kasba. Miradores de la Plaza Nueva y del Castillo; aljibe árabe reconvertido en museo; fuente mora; iglesia de Santa María (siglo xvi); puerta de la Almedina, que da paso a la antigua judería, el Arrabal. Especialidades gastronómicas: olla de trigo, migas cortijeras y gurullos, una especie de fideos hechos a mano que se cocinan con productos de caza.

Mojácar_Almería

Visto de lejos, Mojácar parece un conjunto de cubos de una blancura cegadora, amontonados los unos sobre los otros, trepando por la ladera sin orden ni concierto. Tal vez sea el pueblo más blanco de España, en cualquier caso, sin ninguna duda, es el más árabe de todos. Sus desordenadas y empinadas callejuelas, los tejados planos de sus casas rematados en ocasiones por cúpulas, todo en la población evoca una medina marroquí. De vez en cuando, la aglomeración se abre en plazas y miradores, como el mirador de la Plaza Nueva desde donde se tiene una magnífica panorámica del valle de las Pirámides, las sierras de Cabrera, Almagrera y Bédar, y el cercano mar Mediterráneo. Otro punto mágico de Mojácar es el mirador del Castillo, el punto más elevado del pueblo, así llamado por estar situado junto al emplazamiento del antiguo castillo árabe, construido en el siglo XIII, en la actualidad en ruinas.

Mojácar ha estado habitada desde tiempos prehistóricos. Además de asistir al nacimiento de la primera gran civilización autóctona de la Península, la cultura Argar, Mojácar, como tantos puntos estratégicos del levante peninsular, también despertó el interés de fenicios, cartagineses y griegos; sin embargo, estas colonizaciones no han dejado vestigios arqueológicos, al contrario que la posterior ocupación romana. Se han encontrado en Mojácar la Vieja una tejera de esta época y en el barranco de la Ciudad, restos de una villa agrícola. No obstante, como se ha apuntado antes, fueron los ocho siglos de ocupación árabe los que configuraron la ciudad tal como puede verse en la actualidad. De hecho, los arqueólogos creen que hasta el siglo XIII la ciudad estaba situada en Mojácar la Vieja y que por causas desconocidas el emplazamiento original fue abandonado y sus habitantes se instalaron en la actual Mojácar.

En 1488, todos los alcaides de la comarca se rindieron a los Reyes Católicos, excepto el de Mojácar, que apelando a su españolidad, exigió respeto a vidas y propiedades. Sus condiciones fueron aceptadas por sus católicas majestades que, no obstante, una vez entregadas las llaves de la fortaleza, expulsaron a sus habitantes y repoblaron la ciudad con cien familias cristianas.

Si durante los últimos siglos de la ocupación árabe Mojácar fue frontera entre los reinos cristianos y el reino nazarí, entre los siglos XVI y XVIII se convirtió en punta de lanza

contra la piratería berberisca, que asolaba las costas levantinas. A finales del siglo XVIII, con la desaparición de la piratería, Mojácar vivió un corto período de esplendor, durante el que pudo desarrollar una productiva actividad agrícola. El paisaje de la comarca cambió, con sus bancales cultivados y sus canales de regadío, vestigios de la pericia árabe. Este período de esplendor fue interrumpido por los desastres de la guerra de la Independencia, que asolaron la comarca con las incursiones guerreras, el hambre y las epidemias. Mojácar vivió un nuevo siglo de oro entre 1838 y 1931 con la explotación de las minas de plata de la sierra Almagrera y la instalación de unos altos hornos en la comarca. A partir de la guerra civil (1936-1939), la ciudad se sumió en una decadencia sin precedentes, con una emigración que la dejó prácticamente despoblada hasta que en la década de 1950 la iniciativa del pintor Jesús de Perceval la convirtió probablemente en la ciudad más cosmopolita de España, poblada por una colonia de ilustres artistas que han sabido conservar el encanto del pueblo hasta nuestros días.

Un cementerio muy cosmopolita

En la década de 1950, animado por el pintor Jesús de Perceval, el alcalde de Mojácar se ofreció a regalar terrenos a todo aquel que restaurara o edificara una casa. Pronto comenzaron a acudir artistas de todo el mundo, que convirtieron el pueblo en un extraordinario polo de creación. El llamado cementerio de los ingleses alberga las tumbas de personajes como el pintor neoyorkino Fritz Mooney, el dramaturgo Win Wells (que estrenaba en Mojácar las obras que después triunfarían en Broadway), Henry Higgins, el primer torero inglés, el mariscal británico Purcell, la ex espía irlandesa Kate, o el pintor y mecenas danés Paul Beckett.

Ronda

Málaga

Situación:
A orillas del río Guadalevín, en la provincia de Málaga, Comunidad Autónoma de Andalucía.

Población:
36.532 habitantes.

Altitud:
723 m

Clima:
Mediterráneo, con inviernos más fríos que en la costa.

Cómo llegar:
En coche, desde Granada por la A-92 y la A-367; desde Málaga por la A-367; desde Cádiz por la N-IV, la A-382, la A-284 y la A-374. En autobús, desde Málaga, Cádiz, Algeciras y Sevilla; en tren, desde Sevilla, Cádiz, Málaga, Granada y Córdoba.

Temporada de visita:
Todo el año; atención a las temperaturas invernales.

Fiestas:
Del 18 al 22 de mayo, Feria de Mayo; a finales de agosto, Festival de Cante Grande; primera semana de septiembre, Feria y Fiesta de Pedro Romero.

Información de turismo:
☎ 952 18 71 19 ✉ información@turismoderonda.es

Página web:
www.turismoderonda.es

Datos de interés:
☑ Ronda está articulada sobe las márgenes del Guadalevín, cuyo cauce discurre por el Tajo de Ronda, una foz de 180 m de profundidad. Los dos monumentos más emblemáticos de la ciudad son el puente Nuevo y la plaza de toros, ambos del siglo XVIII. Recinto amurallado árabe, con las puertas de Almocábar, murallas y puertas de la Cijara, murallas de la Albacara, con las puertas del Cristo y del Viento. Baños árabes; Palacio del Rey Moro. Museo del Toreo. Especialidades gastronómicas: miel del bosque y setas. Talla de madera, talabartería y forja.

Ronda Málaga

No es de extrañar que tantos y tan diferentes autores como Plinio, el rey poeta de Sevilla al-Motamid, el geógrafo al-Idrissi, el polígrafo Ibn al-Jatib, el músico y poeta Vicente Espinel, o ya en tiempos más recientes, el Nobel Juan Ramón Jiménez o Juan Goytisolo hayan sentido la necesidad de hablar de tan seductora ciudad en sus obras.

Ronda se extiende a orillas del Guadelevín, un afluente del Guadiaro que fluye de norte a sur. El río ha excavado con el tiempo un impresionante cañón de 180 m de profundidad, el Tajo de Ronda, que divide la ciudad en dos partes comunicadas por tres puentes. El visitante que se pasee por las callejuelas de la antigua medina árabe o por las riberas del Guadelevín, por el hermoso parque de la alameda, que contemple su plaza de toros, la más antigua del mundo, o reviva las historias de los bandoleros que pululaban por sus cercanías, no podrá sino dejarse cautivar por la magia que desprenden sus piedras y su atmósfera.

Aunque están documentados asentamientos celtas, fenicios, griegos e íberos anteriores, la ciudad fue fundada a finales del siglo III a. C. por Escipión el Africano durante la segunda guerra púnica. El general romano construyó allí un castillo al pie del cual se estableció la población local. Apenas quedan vestigios de la época romana, sólo algunos sillares en las murallas y en algunos edificios medievales. Tras la caída del Imperio romano, Ronda fue sucesivamente ocupada por suevos, bizantinos y visigodos, hasta la llegada de los musulmanes en el 711. La ocupación musulmana tampoco trajo la tranquilidad a la ciudad, que se vio disputada por diferentes familias árabes hasta que, en el 1015, Abu Nur Hilal Ben Abi Qurra la declaró independiente y la

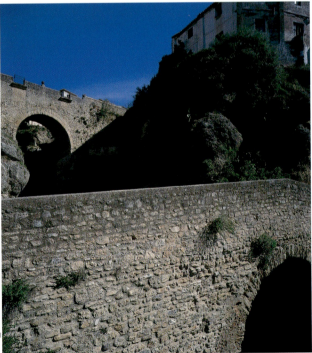

convirtió en reino de taifa, obviamente bajo su autoridad. Ronda permaneció bajo dominio musulmán hasta 1485, cuando fue conquistada por los Reyes Católicos. De la época árabe ha quedado la trama de su ciudad antigua, al sur del Guadelevín, sus murallas, los baños árabes, el alminar de San Sebastián, el antiguo minarete de una mezquita reconvertida al culto cristiano, y el llamado puente de San Miguel, aunque es difícil reconocer en la actual construcción los vestigios de la fábrica original, arrastrada en numerosas ocasiones por las avenidas del río. Otro monumento árabe digno de mención es el castillo del Laurel, la alcazaba árabe, de la que apenas quedan vestigios, pues fue volada en 1908 por las tropas napoleónicas en su retirada.

La ciudad vivió a partir de la conquista cristiana un auge urbanístico sin precedentes, expandiéndose por nuevos barrios como el de San Francisco. No obstante, la época de máximo esplendor se produjo en el siglo XVIII, momento

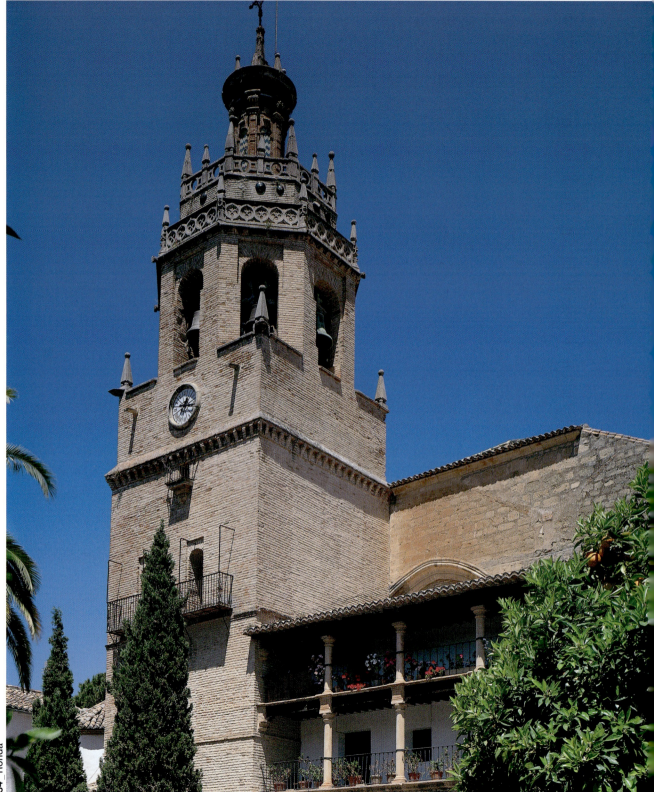

en que fueron construidos los monumentos más emblemáticos de la ciudad, el puente Nuevo, obra de José Martín de Aldehuela, y la soberbia plaza de toros, un lugar mítico para los amantes del arte de Cúchares. En efecto, el toreo es una auténtica religión en la ciudad, que cada año celebra la Feria de Pedro Romero en recuerdo del gran matador rondeño. Durante la feria se celebran, desde 1954, las corridas goyescas, así llamadas porque los trajes de luces de los matadores reproducen los que aparecen en los grabados de Goya, coetáneo de Romero. Los mejores espadas del momento se disputan el honor de participar en estas corridas, de gran colorido y precedidas por desfiles de carruajes con sus ocupantes vestidos de época.

De casta torera

Don Pedro Romero Martínez (1756-1839), hijo, nieto y hermano de toreros, es un auténtico mito en su ciudad natal. Fue él el primer matador que organizó toda la lidia en función de la muerte de la res. Se inició en 1777 en la cuadrilla de su padre, para tomar la alternativa al año siguiente, de la mano de Pepe Hillo, su gran rival. No sólo se dedicó a torear, sino que fue el alma de su escuela de tauromaquia. Después de un par de retiradas de los ruedos, en 1799 y 1806, lidió su último toro en 1831 ¡a los 77 años! Cada año se celebra en su honor, en la plaza de toros de Ronda –inaugurada por él en 1785–, la Feria de Pedro Romero, con la tradicional corrida goyesca.

Albarracín

Teruel

Situación:
En la sierra de Albarracín, que forma parte de los montes Universales, en la provincia de Teruel, Comunidad Autónoma de Aragón.

Población:
1.110 habitantes.

Altitud:
1.171 m

Clima:
Mediterráneo continentalizado de montaña, con veranos muy calurosos, inviernos muy fríos y escasa pluviometría.

Cómo llegar:
Los aeropuertos más cercanos son los de Valencia (139 km) y Zaragoza (170 km); en tren o por carretera hasta Teruel y desde allí, por la A-1512 (35 km), en coche o en autobús.

Temporada de visita:
La primera quincena de septiembre, con motivo de las fiestas patronales.

Fiestas:
El 8 y el 17 de septiembre, fiestas patronales de Santa María de Albarracín y del Cristo de la Vega, respectivamente; del 15 al 17 de septiembre, encierros de vaquillas.

Información de turismo:
☏ 978 71 02 51

Página web:
www.albarracin.org

Datos de interés:
☑ Situado en una colina rodeada por el río Guadalaviar, hundido en un profundo foso. Sus calles se adaptan al accidentado relieve por callejuelas en empinadas pendientes, escalinatas y túneles. Completo recinto amurallado presidido por el castillo del Andador. Conjunto urbano con una arquitectura muy peculiar: casas de un característico yeso rojizo, con entramados, voladizos y balcones de madera, y magníficas rejas de forja. La gran especialidad gastronómica es la exquisita trucha escabechada.

Albarracín_Teruel

Un pueblo camuflado en el paisaje, así cabría definir esta población encaramada en la pequeña península que forma el río Guadalaviar, que la rodea por sus cuatro quintas partes con un inexpugnable farallón. El «istmo», como el resto de la población, por otra parte, está protegido por una imponente muralla construida en el siglo xiv, lo que convertía el pueblo en una auténtica fortaleza natural. Este recinto amurallado, rematado por el castillo del Andador, ha condicionado el urbanismo local; la escasez de espacio ha impuesto el apelotonamiento de las viviendas, con los aleros casi tocándose de lado a lado de la calle, sin apenas plazas, y salvando los desniveles mediante estrechas callejuelas empinadas, túneles y escaleras. Merece mención especial la arquitectura local. A diferencia de otras localidades próximas, que han utilizado tradicionalmente la piedra o el ladrillo en sus construcciones, los albañiles de Albarracín se han inclinado por el yeso rojizo que se encuentra en abundancia en los alrededores. Con este material amasado han levantado los muros y tabiques, reforzando toda la estructura mediante entramados de madera. El uso de materiales locales es lo que confiere a la población el carácter de «pueblo camuflado», que se funde en el paisaje.

Cada casa de Albarracín es un auténtico monumento singular. El Ayuntamiento ha cuidado, y cuida, que ninguna intervención arquitectónica venga a romper la armonía de las coquetas fachadas. El visitante sibarita deberá tomarse su tiempo para observar con detalle las maderas de cada ventana, de cada balcón, de cada voladizo, la forja de sus rejas y de sus picaportes, sus puertas labradas, las aldabas (todas diferentes, todas hermosísimas). Para ganar espacio

a la calle, muchas casas están sostenidas por soportales de piedra, creando una atmósfera fresca y mágica en las calurosas tardes de verano.

La comarca ha estado habitada desde la prehistoria, como refleja el paraje conocido como los Pinares del Rodeno, a unos cinco kilómetros del núcleo urbano, donde se encuentran numerosos abrigos con extraordinarias pinturas rupestres de estilo levantino. Los romanos crearon un asentamiento en el estratégico promontorio, aunque no quedan vestigios de esta ocupación, ni de la posterior invasión visigoda. Sí está documentada la llegada en el siglo VIII de un caudillo bereber, Ibn Racín, que dio nombre a la ciudad y vinculó el territorio al emirato y posterior califato de Córdoba. Con la caída del califato, la ciudad se convirtió durante casi un siglo en reino independiente hasta la llegada de los almorávides, que la vincularon al reino de Valencia. Más tarde, a finales del siglo XII, el caballero navarro Pedro Ruiz de Azagra consiguió hacerse con la ciudad y la constituyó en señorío independiente de los reinos de Castilla y Aragón. La ciudad fue conquistada en 1285 por Pedro III de Aragón, que la incorporó definitivamente a su reino en 1300.

La ciudad contó con una próspera industria textil, que entró en decadencia a partir de la guerra de la Independencia, en la que sus barrios industriales fueron destruidos por los ejércitos napoleónicos. Esta destrucción, a la que se añadió la provocada por los feroces combates de la guerra civil (1936-1939), han permitido la apertura de plazas y el esponjamiento de algunos barrios, si bien la fisonomía de la ciudad no ha perdido nada de su encanto medieval.

> El Museo de Juguetes, o Fundación Eustaquio Castellano, en el barrio El Arrabal, reúne una magnífica colección de juguetes, desde el siglo XIX hasta la década de 1960, que sumergirán al visitante en el túnel del tiempo. Juguetes tradicionalmente destinados a los niños, como soldados de plomo, coches, motos, trenes, juegos de bolos de fabricación artesanal, recortables; o bien a las niñas, casas de muñecas, cocinitas, juguetes religiosos y una magnífica colección de muñecas. Una ocasión única para que los abuelos muestren a sus nietos y revivan ellos mismos la magia del mundo de su infancia.

Sos del Rey Católico

Zaragoza

Situación:
En la comarca de las Cinco Villas, provincia de Zaragoza, Comunidad Autónoma de Aragón.

Población:
707 habitantes.

Altitud:
652 m

Clima:
Continental, muy frío en invierno, muy caluroso en verano.

Cómo llegar:
En coche, desde Zaragoza por la A-68 y la C-127; desde Huesca por la A-132, la A-1202 y la A-127; desde Pamplona por la N-240, la NA-127 y la A-127. Autobuses desde las tres ciudades.

Temporada de visita:
A finales de agosto, coincidiendo con la fiesta mayor, el tiempo es más clemente.

Fiestas:
La tercera semana de agosto, Fiesta Mayor, con el encierro de San Cojón, una parodia de los Sanfermines.

Información de turismo:
☎ 948 88 85 24 ✉ info@sosdelreycatolico.com

Página web:
www.sosdelreycatolico.com

Datos de interés:

☑ Creado como puesto fronterizo entre los reinos de Aragón y Navarra, el pueblo se estructura alrededor de dos montículos, en los que se encuentran el castillo y el palacio de Sada. Recinto amurallado con sus puertas fortificadas intactas, estrechas callejuelas medievales y hermosas casas señoriales de los siglos XV y XVI, con sus pórticos góticos o renacentistas. Iglesia fortificada del Salvador (siglos XI-XII), con hermosa cripta; ermita de Santa Lucía (siglo XII); palacio de Sada, con la iglesia de Santa María de Tours (siglo XIII). Gastronomía: inolvidable cordero al chilindrón.

Sos del Rey Católico_Zaragoza

47_Sos del Rey Católico

Antes de entrar en la población, el visitante avisado disfrutará de la panorámica del recinto amurallado posado sobre un espolón de la sierra de la Peña. Sólo un paseo por sus calles empedradas, bordeadas por hermosas mansiones de los siglos XV y XVI, conseguirá superar la sensación de haber sido abducido por el túnel del tiempo hasta una idílica Edad Media con murallas y castillos, pero sin guerras. Conviene dejar el coche en la entrada del pueblo y entrar andando por cualquiera de sus siete puertas para subir por las calles que van trepando hacia los dos pitones que rematan la ciudad. La puerta principal es la de Zaragoza, donde comienza la calle mayor de Sos, llamada calle de Fernando el Católico. Esta calle sigue la cresta natural del pueblo y de ella salen, como en una espina de pescado, el resto de calles que van descendiendo desde dicha cresta. Sos se deja ver y se deja mirar, tiene sin duda hermosos monumentos de imprescindible visita, pero lo que convierte, sobre todo, a Sos en uno de los más bellos pueblos de España son sus calles porticadas, las ventanas geminadas descubiertas en cualquier fachada, los escudos de armas sobre las puertas de las mansiones, los patios de sus palacios góticos, recogidos sobre sí mismos, ajenos al ajetreo de la calle, como claustros. Parece como si quien acuñó el título de «conjunto histórico-artístico», o de «conjunto monumental» hubiera estado pensando en Sos desde el primer momento.

El pueblo conserva parte del recinto amurallado, en muchas ocasiones difícil de distinguir debido a las numerosas casas adosadas a él. Sí son perfectamente visibles las torres de defensa, como la de la Fuente Alta o de la Reina, y las siete puertas fortificadas, como la de Zaragoza, Jaca y Uncastillo. En el centro, se encuentra la plaza porticada del Ayuntamiento, con la casa consistorial renacentista. Su principal monumento religioso es la iglesia fortaleza de San Esteban, construida entre los siglos xi y xv sobre otra, anterior, de la que se conserva la cripta, de tres naves. En sus ábsides, la iglesia contiene frescos del siglo xiii muy bien conservados. Dominando San Esteban se yergue –sobre la peña Feliciana– el castillo, con su espectacular torre del homenaje, de planta cuadrada, construido en el siglo xii por Ramiro II el Monje. En el otro promontorio se levanta el palacio de Sada, una residencia real fortificada, en la que nació Fernando el Católico en 1452. Como homenaje a dicho monarca, forjador de la unidad nacional, en 1924 se añadió su nombre al original topónimo de Sos.

Sos del Rey Católico ha sido ocupado desde tiempos prehistóricos como lo demuestran los hallazgos arqueológicos exhumados en sus alrededores. Excepto los restos de la calzada romana que unía Zaragoza y Pamplona, no está documentado ningún vestigio de épocas anteriores al siglo x. Su estratégica posición sobre el altozano que domina la comarca de Valdonsella la convirtió en plaza fuerte muy codiciada por los reinos de Aragón y Navarra. En el siglo x fue incorporada por este último reino en el marco de las campañas contra la ocupación árabe, aunque un siglo más tarde pasó a manos de Ramiro I, rey de Aragón, que hizo de ella una de las principales plazas fuertes que defendían la frontera navarra. La ciudad fue escenario de todas las guerras dinásticas que se han sucedido en España desde el siglo xiii, alineada en muchas ocasiones en el bando perdedor, como sucedió en la guerra de Sucesión de comienzos del siglo xviii. Durante la segunda mitad del siglo xx, la villa sufrió un lento declive económico y una acelerada emigración hacia los centros industriales, a la que tal vez debamos la conservación de su magnífico patrimonio urbano.

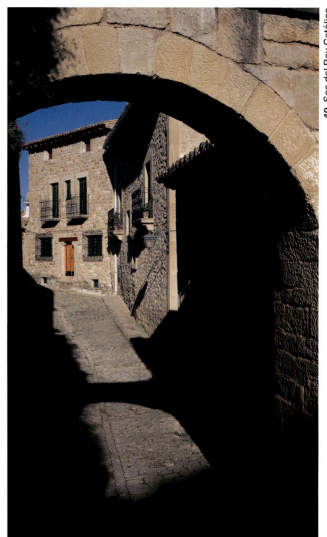

La fuente del perjurio

Cuenta una leyenda medieval que en esta fuente reside el alma de una joven noble, castigada por haber quebrantado el juramento que hizo a su joven enamorado. Éste, un humilde pastor, había decidido partir a la guerra para alcanzar la gloria que lo hiciese digno de su mano. Ella le juró que lo esperaría siempre y que, si no lo hacía, su espíritu permanecería en la fuente durante toda la eternidad. Cuando al cabo de un tiempo la inconstante se casó con otro pretendiente, apareció el antiguo pastor cubierto por sus armas, y le recordó su juramento. La joven desapareció al punto, y su espíritu ha permanecido para siempre en la fuente.

Cudillero

Principado de Asturias

Situación:
A orillas del Cantábrico, en el Principado de Asturias.
Población:
6.127 habitantes.
Altitud:
30 m
Clima:
Atlántico, con veranos frescos, inviernos fríos y abundante pluviometría.
Cómo llegar:
En coche, desde Oviedo, por la N-632. En tren, con el FEVE Ferrol-Gijón; en autobús, desde Avilés. El aeropuerto del Principado se encuentra a 10 km de la población.
Temporada de visita:
Todo el año. En primavera y verano, menos riesgo de lluvia.
Fiestas:
Fiesta de L'Amuravela el 29 de junio. El 30 de junio y 1 de julio, fiestas de San Pablo y San Pablín. Viernes, mercadillo.
Información de turismo:
☏ 985 59 14 52; 985 59 13 77
Página web:
www.ayuntamientodecudillero.com

Datos de interés:
☑ Más que en sus monumentos, el atractivo de la población radica en la distribución de sus casas, escalonadas prácticamente las unas sobre las otras. Algunos monumentos relevantes son la iglesia de San Pedro, la capilla del Humilladero, ambas del siglo XVI, y a dos kilómetros del pueblo, la Quinta de Selgas, una mansión neoclásica del siglo XIX. Rica oferta gastronómica con productos del mar. Elaboraciones típicas: merluza a la sidra, *fabes* con almejas, curadillo (cecina de gata, un pequeño escualo) y los suspiros, una galleta local.

Cudillero Principado de Asturias

Todo en Cudillero nos habla del mar, empezando por el patronímico *pixueto*, derivado de *pix* (pez), que define en principio a los lugareños que vivían del mar y tenían sus viviendas en la rasa litoral. Los *pixeuetos* miraban con cierta arrogancia a sus paisanos los *caízos*, los vecinos de la parte alta del pueblo (*Caí*) dedicados a la agricultura y la ganadería: los acusaban de comprar siempre los pescados menos valorados. El pueblo está absolutamente orientado al mar. Sus estrechas callejuelas, sus escalinatas, todo va descendiendo hacia el puerto pesquero. Sus casas, literalmente suspendidas en las laderas de las tres colinas, miran también hacia el océano. En sus fachadas, todo nos habla también del mar: redes, aparejos de pesca y las largas cañas con las que se pesca la exquisita merluza, una de las especialidades gastronómicas locales. Otra curiosidad que el visitante podrá ver, colgando en las casas, es el curadillo; se trata de un pequeño tiburón, llamado gata, que los pescadores ponen a secar para disponer de pescado

La fiesta de L'Amuravela, cuyo origen se pierde en la noche de los tiempos, se celebra el 29 de junio, día de San Pedro. Una procesión recorre el pueblo con la imagen del santo patrón hasta el muelle, donde espera, varada, una barca empavesada. Después de unos fuegos artificiales, un recitador, situado en la embarcación, comienza a narrar en versos los acontecimientos pormenorizados de lo sucedido durante el año en el concejo. El recitador va disfrazado paródicamente de almirante o militar de alta graduación y utiliza exclusivamente el pixueto, el dialecto local. En muchas ocasiones, la fiesta ha estado envuelta en la polémica debido a la irreverente familiaridad con que el recitador trata al patrón. Incluso algunos párrocos llegaron a impedir la presencia del santo en la ceremonia o la recitación de versos. De hecho, el irrespetuoso sermón estuvo prohibido desde finales del siglo XIX hasta el año 1946.

en las épocas en que les resulta imposible salir a la mar. Tradicionalmente, la cantidad de curadillo exhibida por cada casa era el reflejo de sus posibilidades económicas. En la actualidad, es una de las especialidades más buscadas por los visitantes gourmets.

El paseo ideal por la villa comienza dejando el coche fuera del casco urbano; un paseo por las callejuelas del pueblo nos irá preparando para la visita al puerto, el centro neurálgico de la población. Por el camino el viajero visitará la iglesia del Humilladero, la más antigua del pueblo, del siglo XIII, aunque ha sufrido numerosas intervenciones posteriores. También visitará la iglesia de San Pedro, el patrón de los marineros, construida en el siglo XVI por el Gremio de Mareantes, obra del maestro cantero responsable de la fachada de la catedral de Oviedo y también reformada en numerosas ocasiones. Fuera del casco urbano, en Pito, a dos kilómetros, se encuentra la quinta de Selgas, sin duda el conjunto arquitectónico neoclásico más extraordinario del norte de España, con unos jardines de exquisito diseño.

El puerto viejo de pesca está situado en el fondo del codo que forma el litoral y que ha dado nombre al pueblo. La antigua lonja del pescado estaba situada en lo que hoy es el hogar del jubilado; la actual está en el puerto nuevo. Es imprescindible asistir por la tarde a la llegada de las barcas, si bien la subasta de pescados ha perdido parte de su pintoresquismo en aras de la eficacia. Los más valientes harán una excursión hasta el faro, situado en un impresionante promontorio.

En la actualidad, Cudillero alterna la actividad pesquera con la industria turística. Sus 23 playas, encajonadas entre los acantilados del litoral o extendiéndose en sus zonas llanas, han atraído a numerosos veraneantes que han potenciado la aparición de excelentes instalaciones de hostería y restauración.

La historia de Cudillero ha estado desde siempre, no podía ser de otra manera, vinculada al mar y a la pesca. El pueblo aparece documentado por primera vez como puerto pesquero en 1285, en una donación del monasterio de Tineo. En aquella época estaba integrado en el Ayuntamiento de Pravía, del que no consiguió la independencia, a pesar de sus numerosos intentos, hasta 1812. La importancia que había adquirido el puerto pesquero, tal vez el más importante de Asturias, exigía una ampliación, cosa que no se consiguió hasta la década de 1980, más de siglo y medio después.

Ciutadella

Islas Baleares

Situación:
Al oeste de la isla de Menorca, en la Comunidad Autónoma de Baleares.
Población:
28.696 habitantes.
Altitud:
25 m
Clima:
Mediterráneo; veranos cálidos y secos, inviernos benignos.
Cómo llegar:
En barco, desde Barcelona y Alcudia; en avión, aeropuerto de Mahó (42 km) y desde allí por la Me-1 en autobús o en coche.
Temporada de visita:
Mejor evitar el mes de agosto, el de mayor aglomeración. turística.
Fiestas:
Fiestas de San Juan.
Información de turismo:
☎ 971 48 41 55 ✉ infomenorcaciutadella@cime.es
Página web:
www.ajciutadella.org

Datos de interés:

☑ Ciutadella fue capital de la isla hasta la ocupación inglesa de 1713. Tiene un hermoso casco antiguo con un entramado de calles medievales y un bonito puerto natural con una sugestiva oferta gastronómica. La catedral, del siglo XIV, fue construida en el emplazamiento de una antigua mezquita y son también de interés el *bastió* de sa Font (siglo XVII), la iglesia de Sant Francesc (siglos XVII-XIX), el convento de Santa Clara (siglos XVII-XX) y, a un kilómetro de la ciudad, un espectacular laberinto de canteras: *pedreres* de s'Hostal o Lithica. Las especialidades gastronómicas son la caldereta de langosta y *caragols amb cancra* (cangrejo con caracoles).

Ciutadella_Islas Baleares

Ciutadella es de las ciudades que invitan al paseo. Sus calles conservan la trama medieval, si bien los principales edificios de esta época fueron destruidos en 1558 en un desolador saqueo de la ciudad por piratas turcos. Sus casas presentan dos aspectos: o bien están encaladas y reflejan una luz cegadora, o bien ofrecen a la mirada del visitante la elegancia de los sillares desnudos, de marés, una piedra caliza y blanda, que se puede cortar con un serrucho, típica de las Baleares. En Ciutadella tiene un tono rosado característico, como de oro viejo, que se enciende con la luz del sol poniente, creando al atardecer, con su reflejo y el juego cromático de las nubes vespertinas, una atmósfera mágica y melancólica.

La ciudad, situada sobre el mar, en una plataforma hendida por un acogedor puerto natural, ha estado habitada desde la noche de los tiempos, como documentan los numerosos vestigios megalíticos que se encuentran en sus alrededores, entre ellos la naveta de Es Tudons, un monumento funerario emblemático de la ciudad. Ciutadella fue

ocupada por fenicios, cartagineses y romanos, aunque ninguna de estas civilizaciones dejó allí vestigios significativos. En la Alta Edad Media, la ciudad se convirtió en la capital administrativa y religiosa de la isla, estatus que no perdió durante la ocupación islámica, que tampoco dejó vestigios excepto el minarete de la desaparecida mezquita, reconvertido en campanario de la catedral, y el nombre de la calle del Palau (del palacio), que evoca la residencia que se hizo construir allí el almojarife (recaudador real) Said Ibn Hakam. Aunque la mayoría de los edificios emblemáticos de la ciudad fueron construidos durante los primeros siglos de ocupación aragonesa (siglos XIII y XIV), todos tuvieron que ser reconstruidos durante el siglo XVII a consecuencia de la mencionada incursión del corsario turco Piali. Ejemplo de ello es la catedral, construida en estilo gótico catalán en el siglo XIV por iniciativa del soberano Alfonso II el Liberal. Consta de una sola nave, muy ancha, con diferentes capillas añadidas posteriormente. Fue devastada en el año 1558 y,

a consecuencia de ello, la bóveda cayó en 1626, lo cual dio inicio a un período de reformas que duró hasta bien entrado el siglo XIX.

Las murallas originales, también destruidas en su casi totalidad durante la incursión turca, tuvieron que ser restauradas. Demolidas definitivamente a partir del año 1868, quedan de ellas los bastiones del Gobernador y de Sa Font, y Sa Murada, bajo la fachada del edificio del Ayuntamiento que da al puerto.

El visitante quedará sorprendido por el gran número de palacios que salpican la ciudad. Ciutadella era, y es, la sede de la aristocracia isleña que, posicionándose con la autoridad eclesiástica, dio la espalda a las autoridades británicas, aquellos «herejes mercachifles» que pretendían modernizar la isla en el siglo XVIII. Éstos optaron por trasladar la capitalidad a la entonces aldea de Mahó.

Entre las mansiones señoriales destacan los palacios de Salort, antes Martorell, el de Torre-Saura, ambos del siglo XIX y situados en la plaza des Born, el palacio de los Olivar (siglo XVII), entre Es Born y la catedral, el de los Squella (siglo XVIII), en la calle de San Sebastián, el de Saura (siglo XVII), en la calle del Santíssim, el de la Segunda Rama Saura (siglo XVIII), en la calle del Seminario, y la Casa del Baró de Lluriach, en la calle de Santa Clara.

Una experiencia imprescindible y sin duda inolvidable: en una tarde en la que sople una ligera tramontana, que deja la atmósfera transparente como el cristal, contemplar la puesta de sol sobre el canal que separa la isla de la vecina Mallorca.

Las fiestas de Sant Joan

Cuando se acerca el 24 de junio, Ciutadella se desmelena. Si San Fermín es en Pamplona la fiesta de los toros, en la antigua capital menorquina el caballo se convierte en el protagonista indiscutible de las celebraciones de San Juan. Los diferentes estamentos sociales de la ciudad –nobleza, clero, artesanos y *pagesos* (labriegos)– están representados en la comitiva de más de cien jinetes que durante unos días y parte de sus noches animan las calles, obligando a sus monturas a hacer *botets* (saltos) entre la muchedumbre enfervorecida. Es digna de ver la cara del *caixer capellà* (el cura párroco), no siempre bien preparado en el seminario para tal oficio litúrgico.

La Orotava

Santa Cruz de Tenerife

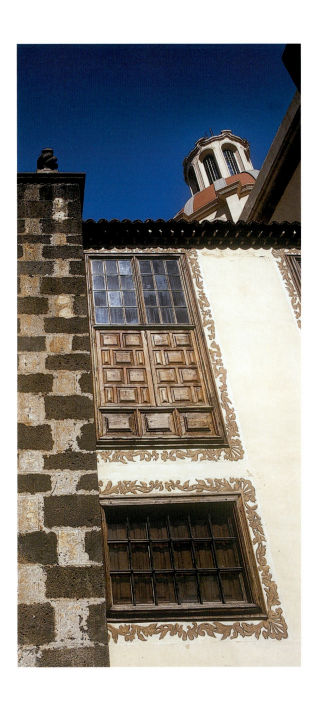

Situación:
En el norte de la isla de Tenerife, provincia de Santa Cruz de Tenerife, Comunidad Autónoma de Canarias.

Población:
40.945 habitantes.

Altitud:
390 m en el centro; desde los 0 m hasta los 3.318 m de la cima del Teide.

Clima:
Depende de la altitud. En el casco urbano, templado atlántico, con pocas variaciones térmicas y escasa pluviometría.

Cómo llegar:
Desde los aeropuertos de Los Rodeos y Reina Sofía y desde el puerto de Santa Cruz de Tenerife, en autobús, coche de alquiler o taxi, por la TF-5.

Temporada de visita:
Todo el año; el invierno es sorprendentemente agradable.

Fiestas:
Fiesta del Corpus, a finales de mayo.

Información de turismo:
☎ 922 32 30 41

Página web:
www.villadelaorotava.org

Datos de interés:

- Situada entre el Teide y el océano Atlántico, la ciudad fue fundada en 1503 para resolver los conflictos por el agua y la tierra que enfrentaban a los primeros colonizadores castellanos. Tiene un magnífico patrimonio de arquitectura señorial canaria y construcciones religiosas: la Casa de los Balcones, Lercaro, Zárate-Machado, Franchy, Mesa y Ponte, las iglesias de Santo Domingo (siglo XVI), de San Francisco (siglo XIX) y de la Concepción (siglos XVI-XVIII). Imprescindible la ruta de los molinos de agua en la parte alta.

La Orotava_ Santa Cruz de Tenerife

La ciudad está situada en el paradisíaco valle de La Orotava, en la ladera norte del Teide, en la zona mejor regada y más fértil de la isla. Su fundación en 1503 fue determinante en su actual urbanismo. En efecto, cuando en 1496 Alonso Fernández de Lugo concluyó la conquista de la isla, distribuyó las tierras con un criterio, cuando menos, algo arbitrario. Al menos así lo consideraron numerosos damnificados por dicho reparto, que se dirigieron a Fernando el Católico para que deshiciera el entuerto. El juez repartidor don Juan Ortiz de Zárate, enviado por el monarca, decidió expropiar todos los solares desocupados del lugar de La Orotava para distribuirlos entre los damnificados. Sin embargo, antes decidió el trazado de calles con un mismo ancho (25 pies), y las dimensiones de cada «parcela» (40 x 80 pies). El proyecto se organizó alrededor de la ermita de Nuestra Señora de la Concepción y no sólo contemplaba las viviendas, sino también las instalaciones necesarias para las actividades agrarias del valle, molinos, ingenios, almacenes, etcétera.

La ordenación de la ciudad estuvo también determinada por la orografía: la considerable pendiente, consecuencia de su posición en la ladera del Teide hasta el mar, la existencia de los barrancos de Araujo y Monturrio, y el paso de la acequia que conducía el agua desde las minas del macizo hasta los terrenos de cultivo. Durante los siglos XVI, XVII y XVIII, la ciudad conoció una notable expansión económica gracias a la exportación de vinos, el principal producto de la isla. Con la prosperidad, las grandes familias de colonizadores decidieron construir las espléndidas mansiones que se pueden contemplar en la actualidad, y los edificios religiosos, como las iglesias de la Concepción (siglos XVI-XVIII) y la de San Juan (siglo XVII-XVIII) y los conventos vinculados a dichas familias, que les proporcionaban gran prestigio social, como el convento de San Francisco (siglo XIX), el de San Agustín (siglo XVIII) y el de Santo Domingo, erigido sobre la ermita de San Benito, o las órdenes femeninas de Santa Clara y Santa Catalina, cuyos conventos han desaparecido en la actualidad.

Como suele suceder, los últimos en llegar tuvieron que conformarse con las peores tierras de cultivo, y así la ciudad fue creciendo hacia el sur, en la llamada Villa Arriba o Farrobo, ocupada por campesinos y artesanos que a su vez fueron organizando su propia trama urbana, con una arquitectura popular típicamente chicharrera, las casas terreras. Pronto se consolidó el tejido social en este barrio popular y aparecieron también iglesias, como la de San Juan Bautista (siglos XVII-XVIII), para vertebrar la cohesión del barrio.

A partir del siglo XVIII, se inicia una época en la que fue cada vez más difícil comercializar el vino. Pronto el cultivo de

Jardines Victoria

Diego de Pinte, VIII marqués de la Quinta Roja, fue un notorio masón que vivió en La Orotava en el siglo XIX. A su muerte, el párroco de la ciudad, don José Borgues Acosta, se negó a enterrarlo en sagrado, por lo que su madre, Sebastiana del Castillo, decidió construirle una sepultura digna del amor que le profesaba. Para ello encargó al artista francés Adolphe Coquet, de la logia masónica de Lyon, la construcción de un mausoleo de mármol rodeado de jardines, con numerosas alusiones masónicas. Finalmente, el párroco reconsideró su postura, y el marqués fue enterrado en el cementerio. Los jardines Victoria, perdida su función sepulcral, han quedado para disfrute de oriundos y visitantes.

la viña fue abandonado, sumiendo a la ciudad en un declive económico y demográfico de grandes proporciones. En el siglo XIX y primera mitad del siglo XX, se produjo una considerable sangría migratoria hacia América del Sur.

Las casas señoriales de La Orotava suelen ser de planta cuadrada o rectangular, tienen un patio porticado con galería interior en los pisos superiores, con profusión de plantas semitropicales que les proporcionan frescor y una atmósfera oxigenada muy agradable. El trabajo de la madera suele ser muy interesante: vigas de teca labradas, balconadas corridas exteriores, barandas de las escaleras, artesonados de las habitaciones, en una exquisita y sobria artesanía que complica terriblemente las labores de restauración.

Santillana del Mar

Cantabria

Situación:
Al norte de la Comunidad Autónoma de Cantabria.
Población:
4.049 habitantes.
Altitud:
82 m
Clima:
Clima atlántico, muy lluvioso.
Cómo llegar:
Desde Santander, en coche por la S-20, la A-67 y la CA-131; en autobús, desde Torrelavega y Santander.
Temporada de visita:
Todo el año; en verano, menos posibilidades de lluvia.
Fiestas:
El 5 de enero, cabalgata de Reyes en la que participa casi toda la población; 26 de junio, fiestas patronales de Santa Juliana; 15 y 16 de agosto, romería de San Roque.
Información de turismo:
☎ 942 81 88 12 ✉ info@turismocantabria.net
Página web:
www.santillana-del-mar.com

Datos de interés:
- Conjunto histórico-artístico, con casas de piedra de los siglos XIV a XVIII, perfectamente conservadas. El municipio alberga dos impresionantes monumentos: la colegiata de Santa Juliana (siglo XII) y las cuevas de Altamira, el conjunto de pinturas rupestres más importante de España. Otros monumentos interesantes son: torres de Don Borja y del Merino, ambas del siglo XIV, casas de los Barreda-Bracho (siglo XVIII), del Águila, de La Parra, de Leonor de la Vega (siglo XV) y de los Villa, llamada de Los Hombrones. Museo de la Inquisición. Gastronomía: cocido montañés, anchoas, queso picón de Tresviso y cecina de ciervo.

Santillana del Mar. Cantabria

Una de las ciudades más señoriales de España, declarada Monumento Histórico-Artístico ya en 1889. Es uno de los conjuntos urbanos más armoniosos de la Península, constituye un auténtico catálogo de historia de la arquitectura desde la Edad Media hasta el Barroco.

Hasta que la Reconquista recuperó los territorios al norte del Duero de la dominación musulmana, el Camino de Santiago seguía la cornisa cantábrica, siendo parada obligatoria las ciudades o monasterios que contenían reliquias de santos, a los que acudían los caminantes para venerarlas como parte de su peregrinación. Hacia el siglo VIII existía ya en la ciudad un monasterio benedictino en el que se custodiaban las reliquias de santa Juliana (santa Illana), martirizada en Nicomedia de Bitinia, en la actual Turquía, durante las persecuciones de Diocleciano. Su cuerpo fue trasladado desde Italia para salvarlo de la invasión de los longobardos. La presencia de unas reliquias como aquéllas tenía tanta importancia para los peregrinos y para la población en general

en aquella época que acabaron dando nombre a la ciudad. En el siglo XII, el monasterio pasó a la orden de los agustinos y comenzó la construcción de la colegiata.

Se trata de un edificio construido en estilo románico francés, introducido en la Península por los peregrinos del Camino de Santiago. De la primitiva colegiata del siglo XII se conservan todavía la nave del templo, el claustro y la sala capitular. El templo tiene una nave central con dos naves laterales, un crucero y tres bonitos ábsides. El claustro, bellísimo, es notable por las esculturas de los capiteles de su doble columnata, un auténtico compendio de la iconografía románica, con influencias cistercienses y de las iglesias orientales, al tiempo que apunta ya la escultura narrativa naturalista propia del protogótico. El interior de la iglesia y la portada de la misma tienen también una rica decoración escultórica en un estilo que se remite a la de la Cámara Santa de Oviedo y el pórtico de la Gloria de Santiago de Compostela.

En el siglo XIV, se levantó en la actual plaza de Ramón Pelayo la torre del Merino, la residencia del merino mayor de las Asturias de Santillana, un cargo que equivalía al de recaudador de impuestos y juez del territorio. Se trata de un edificio fortificado, con saeteras y hermosas ventanas geminadas de medio punto. En la actualidad, tiene adosada una residencia añadida en el siglo XVIII. La casona se construyó alejada de la colegiata, y pronto formó un nuevo centro que potenció la urbanización de su entorno. La ciudad se organizó así alrededor de estos dos polos, la colegiata, símbolo del influyente poder eclesiástico, y la torre del Merino, edificio emblemático del poder político. Entre ellas, la larga rúa del Rey que ya en el siglo XIII partía del atrio del recinto monástico. Así, se fueron construyendo allí las grandes mansiones señoriales y las demás viviendas y comercios que jalonan las calles de la localidad. Hay que señalar que Santillana carecía de murallas, lo que explica que las casonas de las grandes familias de la localidad suelan tener torres de defensa que en ocasiones evocan más el castillo fortificado que la residencia urbana.

Otro núcleo de la ciudad es el que se encuentra alrededor de los conventos de Regina Coeli y de San Ildefonso. Es de visita imprescindible el bellísimo claustro renacentista del primero, un convento dominico construido en el siglo XVI por Juan Gil Corlado y Fernando de Alvarado gracias al mecenazgo del capitán Fernando de Velarde. En la actualidad, alberga un interesante museo diocesano.

ⓘ

Historia de un descubrimiento

En 1868, en Altamira, un cazador llamado Modesto intentaba liberar a su perro, que había caído en unas grietas. Descubrió entonces la boca de una cueva desconocida hasta entonces y lo comunicó al dueño de la finca, un erudito local llamado Marcelino Sanz de Sautuola. En 1879, éste las visitó acompañado por su hija de nueve años y se puso a buscar piezas de sílex en la entrada. La pequeña, aburrida, se adentró en la cueva, donde descubrió las figuras de unos bisontes. Cuando don Marcelino publicó el descubrimiento, la escuela de arqueólogos franceses negó en principio la autenticidad de las mismas, hasta que otros descubrimientos en su propio país les obligaron a admitir su importancia.

Sigüenza

Guadalajara

Situación:
En la vega del río Henares, en la provincia de Guadalajara, Comunidad Autónoma de Castilla-La Mancha.

Población:
5.013 habitantes.

Altitud:
988 m

Clima:
Continental, inviernos muy fríos, veranos muy calurosos y secos.

Cómo llegar:
En coche, desde Madrid, pasando por Guadalajara, y desde Barcelona, pasando por Zaragoza, por la A-2; en autobús, desde Guadalajara; en tren, desde Madrid y Barcelona.

Temporada de visita:
Todo el año.

Fiestas:
De San Vicente, mártir, el 22 de enero; romería de la Virgen de la Salud el segundo domingo de mayo; 15 y 16 de agosto, fiestas de San Roque y Santa María la Mayor.

Información de turismo:
☎ 949 34 70 07   ✉ oficinadeturismo@siguenza.com

Página web:
www.siguenza.com

Datos de interés:

☑ Declarada conjunto histórico-artístico, esta bonita villa medieval está presidida por la alcazaba árabe del siglo XIII. Otros monumentos: catedral fortificada del siglo XII, plaza Mayor porticada, capilla del Humilladero (siglos XV y XVI), iglesias de Santiago, de San Vicente (ambas del siglo XII), convento de San Francisco (siglo XVII), casa del Doncel (siglos XV-XVI), restos de lienzos de murallas, con dos torreones y cinco puertas, palacio episcopal (siglo XVII). Artesanía: enea, espejos; gastronomía: asados de cabrito, codorniz escabechada.

Sigüenza_Guadalajara

La ciudad de Sigüenza está situada en un promontorio que domina la vega del Henares, en un punto estratégico que comunica el valle del Ebro y el del Tajo. Ya en época romana pasaba por allí la vía que comunicaba las ciudades de Zaragoza (*Caesar Augusta*) y Mérida (*Emerita Augusta*). Su estratégica posición la convirtió en plaza codiciada por todas las civilizaciones que han pasado por la Península a lo largo de la historia.

Todo en Sigüenza nos habla de la Castilla triunfante, de la que, después de derrotar y expulsar al último monarca musulmán de la Península, había unificado los reinos cristianos de la antigua Hispania visigótica, y emprendía la gran aventura americana que la convirtió durante siglos en la mayor potencia económica y militar de Occidente. Desde el castillo que la corona, una antigua alcazaba árabe reconvertida en residencia del arzobispo, hasta la catedral, con sus macizas torres almenadas, pasando por sus numerosos conventos, todo nos remite al ideal castellano de mitad monje, mitad soldado.

La trama urbana de Sigüenza está articulada de forma algo excéntrica alrededor de la plaza Mayor, que reúne los edificios emblemáticos de la ciudad: catedral, cabildo, casa de la Contaduría y el palacio de los Deanes (actual Ayuntamiento). La plaza, mandada construir por el cardenal Mendoza a finales del siglo XV, responde a los cánones renacentistas, que preconizaban la creación de espacios despejados frente a los monumentos representativos, en este caso la catedral, para una mejor contemplación del mismo. La plaza, tal como aparece en la actualidad, es el resultado de una serie de intervenciones arquitectónicas realizadas durante los siglos XVI y XVII. Así, se comenzó derribando un lienzo de muralla urbana que separaba la catedral del resto de la ciudad. Todo en el

diseño de la plaza estuvo subordinado, en palabras del cardenal Mendoza, a que «estoviese más adornada». Para ello había mandado «faser casas a la parte de la cerca y puerta de la Cañadilla y portales enfrente de la dicha nuestra iglesia». El resultado es una de las plazas más hermosas de España, rodeada de fachadas porticadas y de edificios nobles. Para reafirmar la preeminencia de «su» plaza, el cardenal no dudó en trasladar el mercado semanal de la llamada Plaza Nueva, construida a comienzos del siglo xv, a la Plaza Mayor, lo que le valió numerosos pleitos con el cabildo.

La catedral de Sigüenza es un edificio construido por Bernardo de Agen, un obispo guerrero que conquistó la ciudad a los musulmanes en 1221. El templo fue edificado entre los siglos xii y xvi, es una superposición de gótico sobre románico, con toques platerescos. Es de cruz latina, con tres naves y transepto. Sus dos torres almenadas, a ambos lados de la austera fachada, le dan un aspecto más próximo a una fortificación que a un templo. Tiene un impresionante rosetón del siglo xv sobre la portada románica.

El otro monumento que configura el eje histórico de la ciudad medieval es el castillo. Se trata de una antigua torre de vigía en cuyo emplazamiento los árabes construyeron una alcazaba, alrededor de la cual fue creciendo la medina, mientras que la población cristiana vivía al pie del promontorio, esparcida por la zona de huertos, donde tenían sus iglesias y practicaban su culto sin restricciones. Cuando la ciudad fue reconquistada por Bernardo de Agen, lo remodeló para convertirlo en la sede episcopal, función que cumplió hasta bien entrado el siglo xix. Los sucesivos obispos fueron ampliando el edificio, que sufrió una gran destrucción durante la guerra de la Independencia. Actualmente, es uno de los paradores de turismo más hermosos de España.

El doncel de Sigüenza

Don Martín Vázquez de Arce, nacido en una noble familia castellana, entró muy joven al servicio del duque del Infantado, participando con su señor en diferentes campañas militares contra el reino nazarí de Granada. En 1486, a los 26 años, pereció en una escaramuza con los sarracenos. Su padre llevó el cadáver de su hijo a Sigüenza, en cuya catedral se había hecho construir una capilla sepulcral de la que Martín fue el primer ocupante. La escultura de la tumba del doncel, probablemente obra de Sebastián de Almonacid, lo muestra armado, recostado, apoyado sobre el codo, con un libro en la mano, reflejando así el ideal del caballero medieval: soldado y sabio, siempre sereno.

Villanueva de los Infantes

Ciudad Real

Situación:
En el sureste de la provincia de Ciudad Real, Comunidad Autónoma de Castilla-La Mancha.

Población:
5.854 habitantes.

Altitud:
840 m

Clima:
Continental, con inviernos muy fríos y veranos muy cálidos.

Cómo llegar:
En coche, desde Madrid, por la A-4 hasta Manzanares, y desde allí, por la N-430 y la CM-3127; desde Córdoba, por la A-4 hasta Valdepeñas y desde allí, por la CM-412; desde Ciudad Real, por la A-13 hasta Manzanares y desde allí, por la N-430 y la CM-3127. En autobús, desde Ciudad Real.

Temporada de visita:
En primavera y verano.

Fiestas:
Procesiones de Semana Santa; las Cruces de Mayo; del 26 al 30 de agosto, Ferias y Fiestas de Villanueva.

Información de turismo:
☎ 926 36 13 21 ✉ turismo@infantes.org

Página web:
www.infantes.org/

Datos de interés:

☑ Villanueva constituye un auténtico museo de arquitectura renacentista y barroca. La ciudad se organiza alrededor de la plaza Mayor porticada, que reúne los principales monumentos: el Ayuntamiento y la iglesia de San Andrés con su casa rectoral (siglo XVII). Otros monumentos que visitar son la alhóndiga (siglo XV), el convento de Santo Domingo (siglo XVI) y la Casa del Arco (siglo XVII), aunque la ciudad es un gran obra coral, con más de 200 casas blasonadas. Compras imprescindibles: cuchillos y quesos.

Villanueva de los Infantes_Ciudad Real

Se trata de la Castilla profunda, cuna de hidalgos y monjes-soldados, la «Tierra de Caballeros», como acertadamente la denomina la Consejería de Turismo de Castilla-La Mancha. No ha de extrañar al visitante que exista una asociación que reivindica Villanueva de los Infantes como el pueblo anónimo más famoso del mundo, aquel de cuyo nombre no quiso acordarse Cervantes, la cuna del personaje más universal de la literatura de todos los tiempos. No extrañaría tampoco al visitante ver salir de alguno de los soportales de sus mansiones blasonadas al caballero de la triste figura, dejando atrás casa y pasado en busca de entuertos que enderezar.

Villanueva de los Infantes tiene documentados asentamientos del calcolítico y de la Edad de Bronce, aunque la ciudad fue fundada como tal por el liberto romano Marco Ulpio Gresario con el nombre de *Antiquaria Augusta*. Han sido encontrados de la época romana restos de dos puentes, otras tantas calzadas, un acueducto y una epigrafía dedicada a Ulpio. La ocupación árabe arrasó la ciudad, que fue refundada por unas familias judías con el nombre de Jumilla. Reconquistada a los musulmanes por Alfonso VIII en 1245, fue entregada a la orden de Santiago. No obstante, la ciudad tuvo su gran momento de esplendor a partir de 1421, cuando el gran maestre de la orden de Santiago don Enrique de Aragón y sus hermanos, los infantes Alonso, Juan y Pedro, le concedieron la Carta Puebla, segregándola de la vecina Montiel.

Los principales monumentos de Villanueva fueron construidos a partir del siglo xv, época en que se creó la bellísima plaza Mayor, una de las más hermosas de Castilla y uno de los dos núcleos vertebradores de la trama urbana de Villanueva, junto con la plaza de San Juan. Se trata de una armoniosa combinación de arquitecturas popular y neoclásica del siglo xvii de forma trapezoidal, con una fachada porticada, que reunía y reúne todavía los edificios más emblemáticos de la ciudad: la iglesia de San Andrés con la casa rectoral (siglo xvi), el Ayuntamiento, con una bonita logia de medio punto y el escudo de la orden de Santiago, los juzgados, el hospital de Santiago, fundado en la Edad Media y reconstruido entre 1631 y 1634, y el convento de Santo Domingo, del siglo xvi, con un hermoso claustro mudéjar y la celda donde murió Francisco de Quevedo un 8 de septiembre de 1645.

En la calle del General Pérez Ballesteros, el visitante encontrará numerosas mansiones blasonadas, como el palacio de los Fontes, la Casa del Arco o del Indiano, y el palacio de Juan Ortega Montáñez, obispo y virrey de México; también en la misma calle hay algún edificio público notable como la alhóndiga, el antiguo depósito y lonja de trigo construido en el siglo xvi por la orden de Santiago, reflejo de la vitalidad comercial de la villa bajo la administración de la orden. Tiene un sencillo patio rectangular con arcos de medio punto sostenidos por gruesas columnas. A partir de 1715, coincidiendo con la decadencia del municipio, la alhóndiga fue reconvertida en cárcel.

Otros edificios de interés son la Casa de los Estudios (siglo xvi), un colegio menor donde se impartían humanidades y gramática, con un pequeño claustro de dos pisos, el inferior sostenido por arcos de medio punto y el superior por una interesante estructura de carpintería. También es curioso contemplar lo que queda de la Casa de la Inquisición (siglo xvi), poco más que el escudo de la institución con la cruz, la calavera y las tibias cruzadas.

No obstante, como se ha apuntado antes, el encanto de la ciudad no radica en un edificio en particular, los hay a decenas, sino que toda la población es una auténtica obra coral, un conjunto arquitectónico detenido en el tiempo, por cuyas calles empedradas el visitante se convertirá en un *flâneur* contemplativo e incrédulo ante tanta belleza.

El origen de un topónimo

Difícilmente una ciudad encierra tanta información en su topónimo. A Villanueva de los Infantes no le falta ni le sobra una sola letra: es «villa» desde 1421 por decisión del maestre de la orden de Santiago, don Enrique, que la segregó así de la villa de Montiel, de la que era aldea pedánea; es «nueva» porque el primer núcleo de población se estableció en Jamila, a poca distancia de allí, hasta que sus habitantes se trasladaron posteriormente por lo insalubre del lugar; por último, es «de los Infantes» como muestra de su reconocimiento al ya citado don Enrique y a sus hermanos, los infantes de Aragón don Alonso, don Juan y don Pedro.

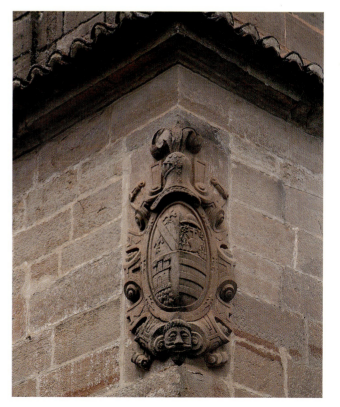

La Alberca

Salamanca

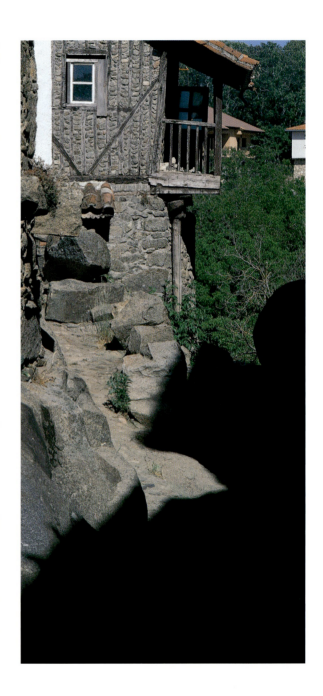

Situación:
En el valle de las Batuecas, provincia de Salamanca, Comunidad Autónoma de Castilla y León.

Población:
1.177 habitantes.

Altitud:
1.048 m

Clima:
Continental, con inviernos muy fríos y veranos suavizados por la altitud.

Cómo llegar:
En autobús, desde Salamanca, Béjar y Ciudad Rodrigo.

Temporada de visita:
En primavera o verano.

Fiestas:
Romería del Día del Pendón, el lunes de Pascua, en la ermita de San Blas; fiestas del Ofertorio y la Loa, los días 14 y 16 de agosto: exhibición de trajes y joyería típicos.

Información de turismo:
☎ 923 41 50 36; 923 41 52 91 ✉ info@laalberca.com

Página web:
www.laalberca.com

Datos de interés:

☑ Casas con inscripciones religiosas en el pórtico y fachadas que avanzan a medida que suben, lo que confiere un peculiar claroscuro a las estrechas callejuelas. Espléndida plaza Mayor porticada, con hermoso crucero; iglesia parroquial del siglo XVIII, con torre campanario del siglo XVI. Ermita del Cristo del Humilladero. En determinadas fiestas, los lugareños visten sus joyas y sus trajes típicos ricamente bordados: el manteo o zagalejo para las mujeres, el de vistas para la novia o el de ventioseno para el luto. Especialidades gastronómicas: cabrito cuchifrito, asado serrano y embutidos.

La Alberca. Salamanca

95_La Alberca

La Alberca fue la primera población esencialmente rural en ser declarada conjunto histórico-artístico. El viajero que busque en ella catedrales monumentales o grandes palacios no los va a encontrar. Sí hallará, por el contrario, un conglomerado de bonitas casas que parecen engastadas las unas con las otras. Estas viviendas de tres pisos están estructuradas mediante entramados sobre una base de granito, tienen grandes balconadas de madera corridas, artesonados, y la característica de que, a medida que se sube, cada piso sobresale algo respecto al anterior, de manera que los grandes aleros de los tejados, imprescindibles para protegerse de la inclemencia del clima, llegan casi a tocarse de lado a lado de las laberínticas callejuelas empedradas. Se trata de una magnífica muestra de arquitectura popular de Peña de Francia, en un conjunto urbano que se mantiene intacto desde la Edad Media.

El pueblo entero respira religiosidad. Así como hay pueblos castellanos o navarros repletos de grandes casonas con escudos que proclaman el rancio abolengo de las familias que los habitan, en La Alberca los dinteles de las casas están rematados con motivos o sentencias religiosas. Hay quien ha querido ver en esta costumbre un indicio de que el pueblo estuvo repoblado, después de la Reconquista, por colonos conversos que querían proclamar así su adhesión incondicional al nuevo credo. Una tradición que corroboraría esta teoría es la rifa del marrano, que se celebra desde el siglo XVI el día de San Antonio, seguida por una degustación de productos porcinos; en efecto, demostrar públicamente gusto por el cerdo era también una costumbre de los conversos, que escenificaban así su repudio a la antigua religión. En cualquier caso, La Alberca ha mantenido una profunda devoción que se refleja en numerosas tradiciones, como la de la Moza de Ánimas (véase destacado «La Moza de Ánimas»), la Loa –un auto sacramental de transmisión oral, que representa la lucha entre el bien y el mal, simbolizados por un ángel y un demonio que luchan por apoderarse de las ánimas de los aldeanos–, o la fiesta del Cristo, en recuerdo de un milagro del Cristo de La Alberca que sudó sangre frente a una peregrina que oraba frente a él. Mención aparte merece la Virgen de la Peña de Francia, llamada también la Morenita por su color oscuro;

en 1434, un francés llamado Simón Vela halló en una gruta cercana al pueblo una talla de la Virgen. En el mismo lugar se elevó un santuario que pronto se convirtió en punto de devoción de los peregrinos que se dirigían a Santiago desde el sur, por la llamada Vía de la Plata. Cada 8 de septiembre se celebra una romería muy concurrida para venerar la imagen.

Como reflejan las pinturas rupestres del neolítico repartidas por los riscos graníticos de sus alrededores, la comarca ya estaba habitada en tiempos prehistóricos. No hay vestigios arqueológicos que documenten si La Alberca era ya un núcleo urbano en época romana, pero sí se han encontrado sillares visigodos reutilizados en la construcción de la ermita de Majadas Viejas. De la ocupación árabe quedan el topónimo, de la palabra hebrea *bereka*, precedida por el artículo árabe *al*, y algunas tradiciones gastronómicas. La comarca fue repoblada en los siglos XII y XIII con colonos procedentes de Francia, lo que explica la proliferación de topónimos franceses en el territorio. Dicha repoblación se debió a la intervención de Raimundo de Borgoña, el marido de doña Urraca, la hija del monarca Alfonso VI, en el marco de la tradicional política matrimonial de la casa real de León, que los emparentaba con las casas reales de Borgoña y Aquitania.

La Moza de Ánimas

Cada día, al anochecer, una mujer recorre las calles de La Alberca, a veces acompañada por alguna compañera. Se detiene en cada esquina y tañe por tres veces una esquila. A continuación, pronuncia una plegaria por las ánimas del purgatorio:

Fieles cristianos
acordémonos de las benditas almas del purgatorio
con un Padrenuestro y un Ave María por el amor de Dios.

Después de otros tres tañidos de esquila, salmodia:

Otro Padrenuestro y otro Ave María
por los que están en pecado mortal
para que su Divina Majestad
los saque de tan miserable estado.

A continuación, y tras tres tañidos más de esquila, sigue su camino hasta la siguiente esquina. Es la Moza de Ánimas.

Pedraza

Segovia

Situación:
En la vertiente norte del Guadarrama, en la provincia de Segovia, Comunidad Autónoma de Castilla-León.

Población:
484 habitantes.

Altitud:
1.101 m

Clima:
Continental, con inviernos muy fríos y veranos muy calurosos y secos. La temporada veraniega es muy corta.

Cómo llegar:
Desde Segovia, en autobús o en coche, por la N-110 y la SG-V-2322.

Temporada de visita:
En primavera o verano.

Fiestas:
Primero y segundo sábado de mayo, Noche de las Velas; del 7 al 12 de septiembre, fiestas de la Virgen del Carrascal, con procesión y encierro. Martes, mercadillo.

Información de turismo:
☎ 921 50 99 60   ✉ fvp@pedraza.net

Página web:
www.pedraza.info

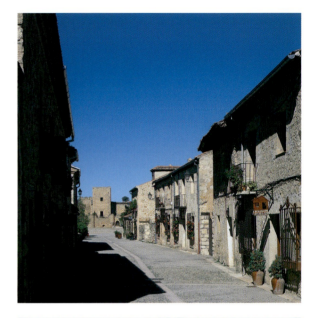

Datos de interés:

☑ Hermoso pueblo medieval, en un recinto amurallado con una única puerta de acceso; junto a esta puerta, cárcel de la villa (siglos XIII-XVI), convertida en interesante museo; plaza Mayor porticada; iglesias románicas de San Juan, de Santa María, de Santo Domingo (en proceso de restauración) y ermita, también románica, de San Pedro (actualmente convertida en vivienda privada); magnífico castillo medieval. Artesanía del estaño y del mueble rústico. Especialidades gastronómicas: lechón y cordero asados, soplillos segovianos (repostería frita).

Pedraza_Segovia

Lo primero que hará el visitante antes de entrar en Pedraza será contemplar el pueblo a cierta distancia para admirar la imponente silueta del perímetro amurallado. Después de entrar por la única puerta del recinto, dejará el coche en el aparcamiento del castillo para recorrer las estrechas callejuelas medievales de la ciudad, deteniéndose a observar las hermosas mansiones nobiliarias que las flanquean.

Aunque existen vestigios arqueológicos que documentan la presencia de asentamientos humanos celtibéricos en el emplazamiento del actual castillo, la ciudad tal como se conoce en la actualidad tuvo su origen en la Edad Media. En el siglo xi, cuando se consolidó la frontera entre Castilla y al-Ándalus, Alfonso VI repobló las tierras fronterizas arrebatadas a los musulmanes ofreciendo un estatus privilegiado a los colonos. Éstos pudieron organizarse en «Comunidades de la Tierra», que no dependían de señor alguno, sino que se autogobernaban: administraban el agua, las tierras comunales, reclutaban tropas y administraban justicia. Pedraza fue la capital de la Comunidad de la Villa y Tierra de Pedraza, un territorio que en la actualidad comprende 18 municipios. En el siglo xiv, Juan II concedió la villa y el castillo a García González de Herrera, la última de cuyas descendientes, doña Blanca, casó en el siglo xv con un miembro de la poderosa familia de los Velasco, llevando como dote al matrimonio el dominio de Pedraza. A partir de este momento, la ciudad vivió una época de esplendor económico y urbanístico; varios miembros de la familia Velasco, tradicionalmente condestables de Castilla, se instalaron en la ciudad, atrayendo tras de sí a otros miembros de la nobleza

castellana. La posibilidad de llevar a pacer a los grandes rebaños de ovejas merinas en los pastos comunales llevó también a numerosos ganaderos, los grandes potentados castellanos de la época, a establecer su residencia en Pedraza. La producción de lana fue la base de una industria textil primaria que llegó a contar con numerosos batanes en la ciudad (molinos hidráulicos para enfurtir las fibras) que surtían de materia prima a los talleres de confección flamencos. A partir del siglo XVIII, el sector ovino castellano entró en una decadencia de la que ya no iba a recuperarse. Esta conjunción de aristocracia y gran burguesía propició la construcción de numerosas mansiones señoriales repartidas por todo el recinto amurallado.

Como se ha señalado, la ciudad está contenida en una muralla con una sola puerta y se estructura urbanísticamente alrededor de un eje que va de la puerta de entrada al recinto hasta el castillo, pasando por la plaza de Santa María. Algo excéntrica respecto a este eje queda la plaza Mayor. La muralla cuenta con torres de defensa, todas cuadradas menos una octogonal que lleva el escudo de armas de los Velasco y está fechada en 1501.

El castillo está situado sobre un promontorio rocoso en un extremo del pueblo, separado de éste por un foso defensivo excavado en la roca. Se trata de un edificio del siglo XIII, de estilo gótico, restaurado en el siglo XV por don Pedro de Velasco. En el interior de su muralla hay un segundo recinto con la torre de homenaje, la residencia de los Velasco. El castillo fue comprado por el pintor Ignacio de Zuloaga y en la actualidad es propiedad de sus descendientes, que lo han convertido en un museo dedicado a la obra del pintor.

La hermosa plaza Mayor, con hermosos soportales, parece haber detenido el tiempo. Como antaño, allí se celebran los encierros y las corridas de las fiestas patronales, así como los conciertos al aire libre del ciclo musical los Conciertos de las Velas. En la plaza se encuentra la iglesia de San Juan, un edificio románico, con una sobria torre cuadrada. El visitante avisado buscará el estrecho pasadizo junto a la torre para llegar a la plazuela posterior y contemplar el bonito ábside.

Un castillo con leyenda

Corría el siglo XIII; Elvira y Roberto se amaban desde niños. Sin embargo, el señor del castillo de Pedraza, Sancho Ridaura, prendado de la belleza de la joven, la obligó a casarse con él, lo que motivó que Roberto, desesperado, ingresara en un convento. Años más tarde, falleció el capellán del castillo y Sancho pidió uno nuevo a la jerarquía. Por una broma del destino, el elegido fue Roberto. El conde partió a participar en la batalla de Las Navas de Tolosa, la llama volvió a prender entre los dos enamorados, solos en el castillo. Enterado Sancho a su regreso, durante el banquete de celebración de su victoria hizo coronar a Roberto con una corona de hierro candente. Elvira, horrorizada, huyó a la torre y se clavó una daga en el corazón.

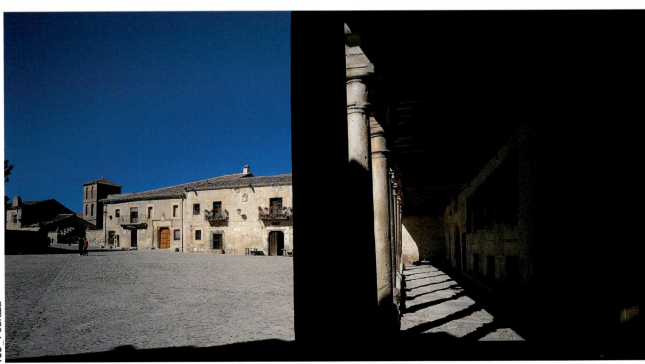

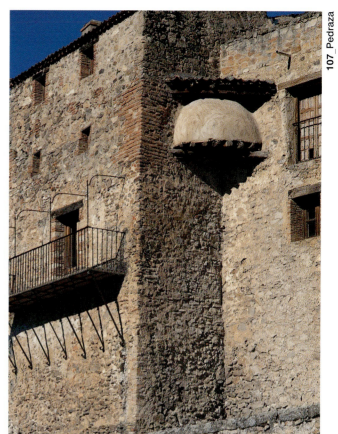

Cadaqués

Girona

Situación:
En el cabo de Creus, provincia de Girona, Comunidad Autónoma de Cataluña.

Población:
2.301 habitantes.

Altitud:
25 m

Clima:
Mediterráneo, con veranos cálidos y secos e inviernos benignos.

Cómo llegar:
En autobús desde Barcelona, Figueres o Girona; en coche, desde Barcelona o Girona por la AP-7 hasta Figueres, y desde allí, por la N-II y la C-68.

Temporada de visita:
Primavera o verano.

Fiestas:
Del 30 de julio al 20 de agosto, Festival Internacional de Música de Cadaqués; 9 de septiembre, fiesta mayor de verano; 18 de diciembre, fiesta mayor de invierno. Lunes, mercadillo.

Información de turismo:
☎ 972 25 83 15   ✉ turisme@cadaques.cat

Página web:
www.costabrava.org/girona/es-Cadaques.htm

Datos de interés:
☑ Conjunto arquitectónico muy bien conservado, a pesar de la presión turística sufrida en toda la zona. El casco urbano, en suave bajada hacia el mar, está coronado por la iglesia de Santa María (siglo XVII), de estilo gótico tardío, con su blanca fachada. Vestigios de las antiguas murallas: *porxo des Rastell* y torre vigía des Baluart, de planta semicilíndrica. Casa-museo de Salvador Dalí, en Port Lligat. En las proximidades, Parque Natural de Cap de Creus. Son famosas las salazones de Cadaqués, especialmente las anchoas.

Cadaqués_Girona

Pocos pueblos pueden presumir de haber recibido tantos y tan ilustres visitantes. Invitados por Salvador Dalí, hijo adoptivo del pueblo, o siguiendo sus pasos, han residido temporadas más o menos largas en Cadaqués pintores de la talla de Marcel Duchamp, Pablo Picasso, Joan Miró, Richard Hamilton, Rafael Durencamps, Adolfo Estrada, Antoni Pitxot, Gustavo Carbó, Maurice Boitel, Eduardo Arranz Bravo, Dieter Roth, Max Bill, Rafael Bartolozzi; escritores como Federico García Lorca, Eugeni d'Ors, André Breton, Paul Éluard o Henri-François Rey; músicos como John Cage o Amanda Lear; fotógrafos como Man Ray, Català Roca o Tony Catany; y escultores como Xavier Corberó. Probablemente Cadaqués siga siendo en la actualidad el pueblo del mundo con mayor número de artistas y galerías de arte por habitante.

La población ha estado siempre orientada al mar, y tradicionalmente mal comunicada por tierra debido al torturado relieve que la rodea, que durante siglos la ha convertido en una especie de isla. Hasta hace unas pocas décadas, muchos lugareños estaban más acostumbrados a visitar los vecinos pueblos de la costa en sus barcas que los del interior por carretera. Tal vez este hecho ha contribuido a conservar la población a salvo de la presión urbanística que ha desgraciado tantos otros municipios de la Costa Brava.

Cadaqués es el pueblo más oriental de España y está situado al sur del macizo del cabo de Creus. La población está articulada en torno a su magnífico puerto natural, protegido de la tramontana por los *puigs* de Paní y de Bufador. Allí fondean las embarcaciones de los turistas, que en la actualidad superan ampliamente en número la tradicional flota de pesca que durante siglos ha sido la principal actividad de la población. En Cadaqués, todos los caminos llevan al mar.

En el punto más alto del pueblo se alza la iglesia de Santa María, un templo de estilo gótico tardío, encalado y deslumbrante, construido en el siglo xv y reconstruido entre los siglos xvi y xviii a raíz de una devastadora incursión del pirata Barbarroja en 1543. En su interior alberga un magnífico retablo de 1785, obra de Jacint Moretó y Pau Costa. En la iglesia parroquial se celebra cada agosto el Festival de Música de Cadaqués, durante décadas financiado por el arquitecto y mecenas Lanfranco Bombelli, gran dinamizador cultural y creador de la Galería Cadaqués, fallecido en el 2008.

Cadaqués no tiene demasiados monumentos, sólo la capilla de San Sebastián, en el *puig* de Puntí, y los restos de la muralla que en otros tiempos ceñía la población: una torre vigía, Es Baluart, que en la actualidad acoge dependencias municipales, y el *porxo* de Rastell. El encanto del pueblo no está, pues, en sus edificios singulares, sino en las sencillas casas de pescadores, en sus callejuelas desde las que siempre se puede ver el mar apuntando al fondo, en sus diminutas calas incrustadas en la agreste línea costera. Cadaqués es un pueblo para pasear… y para navegar. El visitante dejará que sus pasos le hagan perderse por sus calles hasta dar con cualquiera de las obras que la numerosa colonia de artistas ha ido sembrando por la población, como *La Llibertat*, del escultor Bartholdi, en la plaza Salvador Dalí. Visitará también las numerosas galerías de arte, auténticos barómetros de las vanguardias artísticas contemporáneas. Pero si quiere de verdad impregnarse del espíritu daliniano que flota por la población, la visita absolutamente imprescindible es Port Lligat.

> Imprescindible realizar una visita a la casa de Salvador Dalí, en la cala de Port Lligat (aconsejable reservar previamente). En 1930, Dalí y Gala se instalaron en una de las cabañas de pescadores de la cala. Poco a poco fueron ampliando el refugio hasta convertirlo en una magnífica casa-taller donde el pintor podía encontrar la paz y el aislamiento que necesitaba para trabajar. Así, fueron construyendo el gran estudio del pintor, la biblioteca, la sala oval, el comedor de verano y la piscina. Durante muchos años fue su única residencia estable y escenario de las originales fiestas organizadas en honor del pintor por su séquito de cortesanos.

Rupit

Barcelona

Situación:
En la provincia de Barcelona, Comunidad Autónoma de Cataluña.

Población:
329 habitantes.

Altitud:
822 m

Clima:
Mediterráneo matizado por la altitud: frío en invierno, y fresco en verano.

Cómo llegar:
En coche, desde Barcelona, por la C-17 hasta Vic y desde allí, por la C-25.

Temporada de visita:
Todo el año; en primavera, la decoración floral de sus balcones es una auténtica explosión de colores.

Fiestas:
29 de septiembre.

Información de turismo:
☎ 93 852 20 83

Página web:
www.rupit.es

Datos de interés:
☑ Situado bajo el peñasco donde estaba emplazado el castillo, Rupit es un típico pueblo de montaña, con calles estrechas y empinadas, prácticamente rodeado por la riera homónima. El casco urbano está constituido por un conjunto de casas de piedra de los siglos XVI y XVII, con balcones de madera cargados de tiestos con flores. En el término municipal hay numerosas masías, la construcción rural típica de Cataluña. Especialidades gastronómicas: ternera con setas, embutidos.

Rupit_Barcelona

Rupit es la cabeza del municipio de Rupit y Pruit, formado en 1978 para reunir los dos pueblos cuyo declive demográfico no justificaba la existencia de dos administraciones independientes. Pruit, de menor tamaño, tiene un hábitat muy disperso, con numerosas masías y sin un núcleo urbano definido. Hay que destacar que la normativa de la Unión Europea respecto a los contratos de concesión de la explotación agraria y la distribución de ayudas a la agricultura es incompatible con el régimen de alquiler tradicional catalán, lo que ha comportado el abandono de numerosas masías o su reconversión en residencias secundarias para veraneantes urbanitas.

Rupit vivió una época de esplendor hacia el siglo XVII en que la industria de transformación de la lana llegó a contar con 38 talleres en la población. La desaparición de esta actividad, incapaz de afrontar la competencia de los grandes centros fabriles del cinturón barcelonés, hundió a la población en una decadencia que el abandono de las masías a partir del siglo XX no ha hecho más que agravar. En la actualidad, el turismo estival y el de fin de semana han estabilizado la población de Rupit.

El visitante dejará el coche aparcado en el exterior del pueblo y accederá al mismo cruzando el puente colgante (a 20 m de altura) sobre la riera de Rupit. Las calles son empinadas, ascienden penosamente hacia el punto culminante del pueblo, donde se hallan las ruinas del castillo. Desde allí se disfruta de una maravillosa vista, no sólo sobre el casco urbano, sino sobre el altiplano de Collsacabra y los sistemas montañosos circundantes. Las calles del pueblo, como se ha indicado, son estrechas y empinadas. El carácter turístico de Rupit ha impulsado a los vecinos a decorar calles, balcones y ventanas con flores multicolores a imitación de los «*villages fleuris*», o pueblos floridos, que salpican la geografía de Francia.

El nombre de Rupit deriva del latín *rupes*, piedra. Hay un aforismo que dice que a Rupit no se llega ni por tierra ni por mar, sino por piedra. En efecto, muchas de las viviendas, cuya edificación se remonta a los siglos XVI y XVII, están construidas con piedra local, lo que hace que desde lejos la población se funda armoniosamente en el paisaje. Muchas de ellas tienen hermosas ventanas góticas geminadas y arcos dovelados en la entrada con la fecha de construc-

ción del edificio grabada en la piedra a modo de blasón. La belleza de alguna de estas viviendas, concretamente la llamada de la Ferrería, en la calle del Fossar, llevó a los arquitectos catalanes Francesc Folguera y Ramon Raventós a reproducirla en el Pueblo Español de Barcelona, el recinto donde, con motivo de la Exposición Universal de 1929, se recreó una antología de la mejor arquitectura de los pueblos de toda España. Tanto es así que muchos turistas y veraneantes descubrieron Rupit a raíz de una visita al Pueblo Español, donde quedaron prendados del encanto del edificio allí reproducido.

La calle más hermosa de Rupit, y probablemente una de las más fotografiadas de Cataluña, es la del Fossar, en cuyo extremo se alza una cruz con la fecha de 1641. La iglesia parroquial de San Miquel, del siglo XVIII, es de un estilo que combina el tardobarroco con el neoclasicismo, pero el término cuenta con algunas iglesias más antiguas, como la bellísima de Sant Joan de Fàbregas, románica del siglo X, con tres ábsides en hoja de trébol. Está situada a unos cuatro kilómetros del núcleo urbano y desde ella se disfruta de una vista extraordinaria sobre el altiplano de Collsacabra y el macizo de las Guilleries. Otra bonita iglesia es la pequeña capilla de Santa Magdalena, del siglo XVII, situada al otro lado del río y desde donde se tiene una hermosa panorámica del pueblo.

La masía catalana

Se conoce como masía un tipo de construcción rural desde la que se explota y administra una propiedad agrícola. Se trata de edificios de dos a tres plantas, con tejado a dos aguas. En la planta baja suele haber una gran cocina y diferentes dependencias de uso agrícola, como establos; en la primera planta está el salón noble, alrededor del cual se distribuyen los dormitorios; la tercera sirve de almacén de productos agrícolas. Las masías constituían una unidad de producción autosuficiente y los derechos sobre ella, tanto de propiedad como de explotación, se trasmitían de los padres al *hereu*, el primogénito de la familia.

Jerez de los Caballeros

Badajoz

Situación:
En el suroeste de la provincia de Badajoz, junto a la frontera portuguesa, en la Comunidad Autónoma de Extremadura.

Población:
10.177 habitantes.

Altitud:
505 m

Clima:
Continental, suavizado por las montañas que lo protegen por el norte. Veranos calurosos, inviernos benignos.

Cómo llegar:
Desde Badajoz, ciudad que dispone de aeropuerto, en coche o autobús, por la N-432 y la N-435.

Temporada de visita:
En primavera, la vega circundante es de una belleza extraordinaria.

Fiestas:
Del 21 al 24 de agosto, fiestas de San Bartolomé; del 4 al 10 de mayo, Salón del Jamón Ibérico; Semana Santa.

Información de turismo:
☎ 924 73 03 72

Página web:
www.jerezdeloscaballeros.es

Datos de interés:

- La ciudad domina la vega del río Ardila, con panorámicas excepcionales desde el mirador del parque de Santa Lucía. Los principales monumentos civiles de la ciudad son la muralla, con dos puertas y 18 torreones conservados, el castillo templario y la antigua alcazaba moruna; los religiosos, las iglesias de Santa María, del siglo V, reformada en el siglo XVI, y las de San Bartolomé y de San Miguel, ambas del siglo XV; entre los siglos XV y XVI, se fundaron numerosos conventos, como los San Agustín, Madre de Dios, Aguasantas, Nuestra Señora de la Consolación o de la Gracia. Gastronomía: uno de los mejores jamones de España.

Jerez de los Caballeros_Badajoz

La ciudad de Jerez de los Caballeros está estratégicamente situada en un altiplano que domina la vega del Ardila. La comarca ya estaba habitada en la prehistoria como reflejan los monumentos megalíticos hallados en sus alrededores (dólmenes de Valcavado, Lagranja, Palomilla y Toriñuelo). Se supone que la ciudad fue fundada por colonizadores de Tartesos o fenicios, aunque comenzó a adquirir notoriedad a partir del siglo III a. C. con la ocupación romana, que dejó vestigios significativos, como el mosaico de la villa de Pomar o el puente Viejo. La ciudad no perdió importancia con la llegada de los visigodos, de cuya presencia quedan vestigios, como la columna de la iglesia de Santa María de la Encarnación.

Durante la ocupación musulmana vivió una época de esplendor, como reflejan las crónicas de El Idrissi (1100-1165), que hablan de ella como de una de las más importantes ciudades de Extremadura. No obstante, la ciudad cayó en una decadencia de la que no salió hasta la conquista castellana, a cargo de Alfonso IX de León en 1230. El rey entregó Jerez a los caballeros templarios, que devolvieron a la ciudad parte del esplendor perdido y la convirtieron en capital del bayliato de Xerez. Disuelta dicha orden en 1312 por bula del papa Clemente V, el castillo de Jerez se convirtió en último lugar de resistencia de los templarios, hasta que cayeron derrotados. Durante unas décadas, la ciudad pasó a ser realengo, es decir, a depen-

der directamente del rey, hasta que en 1370 fue donada a la orden de Santiago que le dio ya el nombre de Jerez de los Caballeros y la convirtió en cabeza de partido de la orden, en pie de igualdad con las ciudades de Mérida y Llerena.

Exceptuando la ciudad de Mérida, tan pródiga en monumentos históricos, y con permiso de Trujillo, Jerez de los Caballeros es tal vez la ciudad que atesora un mayor patrimonio arquitectónico de Extremadura.

La silueta de Jerez de los Caballeros que se recorta en el cielo extremeño es la de su recinto amurallado coronado por la imponente alcazaba árabe reformada por los caballeros templarios. La muralla, obra también de la orden del Temple,

> **En** reconocimiento a la ayuda aportada en la reconquista de la villa de Xeres por los caballeros templarios, Alfonso IX la donó al Temple. En el año 1312, a instancias de Felipe IV de Francia, el papa Clemente V promulgó una bula que disolvía la orden y sus máximos dignatarios fueron ejecutados en París. En Castilla, el soberano Fernando III los conminó a entregar sus posesiones y a disolverse. Los caballeros de Jerez se negaron a ello y se refugiaron en el castillo. Asediados por las tropas reales, se vieron acorralados en la torre del homenaje, donde fueron vencidos y degollados uno a uno. Desde entonces, se la llama la torre Sangrienta.

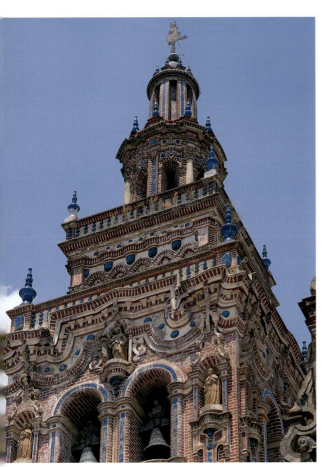

está construida en mampostería, con uso de sillares de granito en los ángulos para reforzar la estructura. Las torres de defensa, circulares, están integradas en la trama urbana. El recinto tenía seis puertas, de las que se conservan cuatro, dos parcialmente, la de Santiago y la de Alconchel, y dos en buen estado, la puerta de la Villa, con sus tres arcos, y la de Burgos, que debe su nombre no a la capital castellana, sino al vecino Burguillos del Cerro, que en su momento agrupaba a una serie de aldeas o burgos.

El castillo de los Templarios fue construido en el siglo XIII sobre una alcazaba árabe, integrado en la muralla de la ciudad. En 1471 sufrió una importante remodelación después de las guerras dinásticas que asolaron aquellas tierras durante el siglo XIV. Destaca en él la torre de homenaje, llamada torre Sangrienta, pues allí fueron degollados por orden de Fernando VI los últimos resistentes templarios.

La ciudad tiene buen número de notables edificios religiosos. La iglesia de Santa María de la Encarnación es la más antigua, como atestigua una columna visigótica que establece su consagración en el año 556, aunque el actual edificio fue construido en el siglo XVI, con intervenciones barrocas del XVII. Es un edificio de estilo gótico-renacentista, muy macizo, con tres naves separadas por gruesas columnas, y ábside.

La iglesia de San Miguel Arcángel fue construida entre los siglos XV y XVIII. Destaca en ella la grácil torre campanario, de base granítica y cuerpo de ladrillo, con una delicada decoración barroca.

Por lo que respecta a la arquitectura monástica, está representada por los conventos de la Gracia (siglo XV), y el de San Agustín, en la actualidad reconvertido en oficina municipal de turismo.

129_Jerez de los Caballeros

Trujillo

Cáceres

Situación:
En la provincia de Cáceres, Comunidad Autónoma de Extremadura.
Población:
9.860 habitantes.
Altitud:
564 m
Clima:
Continental muy extremado, con veranos muy calurosos e inviernos gélidos.
Cómo llegar:
En coche, desde Madrid, por la A-5; desde Sevilla, por la N-630 y la A-5; desde Cáceres, por la N-621. En autobús, desde Madrid, Cáceres, Badajoz y Mérida.
Temporada de visita:
En primavera el clima es muy agradable.
Fiestas:
Domingo de Resurrección, Chíviri en la plaza Mayor, con las mujeres vestidas con el traje regional; primer fin de semana de mayo, Feria del Queso; fiesta de la Asunción, 15 de agosto. A primeros de septiembre, fiesta de la Virgen de la Victoria.
Información de turismo:
☎ 927 32 26 77 ✉ turismo@trujillo.es
Página web:
www.trujillo.es

Datos de interés:

☑ Recinto amurallado, coronado por el castillo árabe, con hermosa torre del homenaje y dos impresionantes aljibes. Conjunto de mansiones señoriales, como las de los conquistadores Orellana y Juan Pizarro, la de los Hinojosa, la casa fortificada de los Bejarano, la de los Piedras-Alba, la de los Vargas Carvajal o la de los Chaves-Mendoza. Iglesias de Santa María Mayor (siglos XIII-XVI), de Santiago (siglo XII), y convento de Santa Clara (siglo XVI), actual parador; excepcional plaza Mayor. Interesante Museo del Queso y del Vino. Gastronomía: queso de cabra, cochifrito de lechón.

Trujillo Cáceres

133_Trujillo

El visitante que se acerque a Trujillo quedará impresionado al ver su silueta alzada sobre el tolmo granítico de Cabeza del Zorro, coronado por el viejo castillo árabe. La ciudad estuvo habitada ya en época prehistórica y en la Edad del Hierro, si bien fue bajo la ocupación romana cuando adquirió importancia por su estratégica posición sobre el altozano que domina una vega, zona de paso entre la zona occidental de la meseta y las cuencas del Guadiana y el Guadalquivir. El paso de los visigodos por la ciudad no dejó demasiados vestigios, al contrario que la ocupación musulmana que, durante los cinco siglos de duración, dejó tesoros, como el conjunto de monedas del año 1017 o monumentos como la alcazaba que preside el pueblo. Esta última, a pesar de su imponente aspecto, no era más que la residencia oficial del gobernador omeya y las dependencias de su administración. La guarnición militar estaba alojada en el albacar, un recinto amurallado junto a la alcazaba. Ésta cuenta con ocho torres defensivas y cuarto puertas de acceso, una de las cuales la comunicaba con el albacar. El edificio es una construcción típicamente militar, con escasas ventanas o saeteras. Se accede a él por una hermosa puerta con tres arcos de herradura. En su patio de armas se encuentran dos grandes aljibes que pueden ser visitados.

El mayor atractivo de la ciudad, no obstante, es el casco urbano, con sus calles medievales flanqueadas con numerosas mansiones señoriales. Si Extremadura fue la región española que más contribuyó humanamente a las campañas bélicas de la conquista del continente americano, Trujillo fue sin duda la ciudad extremeña, y por ende española, que más conquistadores aportó. Si bien los más conocidos son los hermanos Pizarro y Francisco de Orellana, la lista se haría interminable, con nombres de guerreros como Martín de Meneses, Francisco de las Casas, Diego Galán de Paredes, Francisco Bejarano, benefactores como María de Escobar,

la mujer que llevó el olivo a América, cronistas como fray Gaspar de Carvajal, canteros como Francisco Becerra, constructor de catedrales en América, etcétera. Los que regresaron triunfantes de la aventura americana construyeron espléndidas mansiones, un patrimonio arquitectónico de los siglos XVI y XVII que da el carácter a la ciudad. La mayoría de ellas están en la hermosa plaza Mayor porticada (siglo XVI), o en sus alrededores. Dicha plaza tiene en su centro la estatua ecuestre de Francisco Pizarro, obra de Charles Rumsey. La rodean notables mansiones nobles: palacio de los marqueses de Piedras Albas (siglo XVI), palacio de los marqueses de la Conquista, construido en 1560 por Hernando Pizarro, palacio de los duques de San Carlos (siglos XVI-XVII), Casa de la Cadena (siglo XV), palacio de los marqueses de Santa Marta (siglo XVI), torre del Alfiler (siglo XV), palacio de los Caves-Cárdenas (siglos XV-XVI), de los Chaves Sotomayor (siglo XVI), palacio de Juan Pizarro de Orellana (siglo XVI). La plaza cuenta también con los edificios que simbolizaban el poder en la ciudad: las casas del Concejo (siglo XV) y las iglesias de la Preciosa Sangre de Cristo (siglo XVIII) y de San Martín (siglos XIV-XVI).

> **E**l más ilustre trujillano, Francisco Pizarro González, hijo natural de una humilde sirvienta, ha pasado a la historia por haber conquistado Perú al mando de un ejército de sólo 180 hombres. Después de hacer prisionero al emperador Atahualpa, pidió como rescate una ingente cantidad de oro y plata, que los incas se apresuraron a pagar. A pesar de ello, Pizarro lo hizo ejecutar. Sin embargo, pronto surgió entre Pizarro y su compañero de armas, Almagro, un grave enfrentamiento que culminó con la ejecución pública de este último. Tres años más tarde, el hijo de Almagro organizó el asesinato de Francisco Pizarro en su propia residencia.

Tradicionalmente, las grandes familias trujillanas fundaban y protegían conventos y órdenes religiosas. Existen así, repartidos por la ciudad, numerosos conventos, como los de San Pedro (siglo XVI), Santo Domingo (siglo XVI), Santa Clara (siglo XV), San Antonio (siglo XVIII), Santa Isabel (siglo XV) o de San Francisco (siglo XV).

El monumento religioso más importante de la ciudad es la iglesia de Santa María, construida entre los siglos XIII-XVI en el emplazamiento de la antigua mezquita. Es un edificio tardorrománico con tres naves y dos macizas torres campanario. En su interior alberga los sepulcros de las grandes familias trujillanas.

Combarro

Pontevedra

Situación:
En la ensenada de Campelo, en la ría de Pontevedra, municipio de Poio, provincia de Pontevedra, Comunidad Autónoma de Galicia.

Población:
1.786 habitantes.

Altitud:
260 m

Clima:
Clima atlántico, muy lluvioso, con inviernos fríos y veranos templados.

Cómo llegar:
Desde Pontevedra, en autobús o en coche por la PO-308.

Temporada de visita:
En verano hay menos posibilidades de lluvia.

Fiestas:
Festa do Mar, la tercera semana de agosto, con degustaciones gastronómicas y encuentro de embarcaciones tradicionales. Fiestas de San Roque el 16 de agosto.

Información de turismo:
☎ 986 77 23 30

Página web:
www.concellodepoio.es

Datos de interés:
- La belleza de Combarro reside en su arquitectura popular, en perfecta combinación con el mar. Las casas *mariñeiras*, los hórreos y los cruceiros son los tres elementos que configuran el pueblo. Todas las construcciones están apiñadas junto a la línea de costa. El tiempo parece haberse detenido en el pueblo, que se conserva esencialmente tal como era en el siglo XIX. Exquisitas especialidades gastronómicas de marisco y pescado, y licores de elaboración artesanal.

Combarro_Pontevedra

141_Combarro

Combarro está situado en una base granítica en forma de media luna cuyos extremos están «combados», de ahí su nombre. No hay que buscar grandes monumentos en Combarro, su encanto está en el conjunto de arquitectura popular que atesora. La actividad del pueblo gira entre dos polos, la agricultura y la pesca, y su arquitectura está adaptada a los mismos.

La escasez de terreno cultivable impulsó a los habitantes de Combarro a levantar sus viviendas en lugares no aptos para la agricultura. Así, las casas y los hórreos se apelotonan en la zona de terreno granítica a orillas del mar, dejando los terrenos fértiles disponibles para la actividad agraria. El pueblo entero parece un monumento a la vida marinera, está volcado al mar, con las construcciones en la misma línea costera y algunas calles cuyo extremo se pierde bajo las aguas con marea alta. El visitante quedará sorprendido por la concentración de hórreos en tan poco espacio. Es seguramente el único lugar de Galicia donde este tipo de construcción se levanta justo a orillas del mar. Los hórreos, como las pallozas, son una de las muestras típicas de la arquitectura popular gallega, y como ellas también han ido adaptando su diseño a los materiales disponibles y a las funciones a las cuales estaban destinados. Se trata de una construcción de planta rectangular, con tejado

143_Combarro

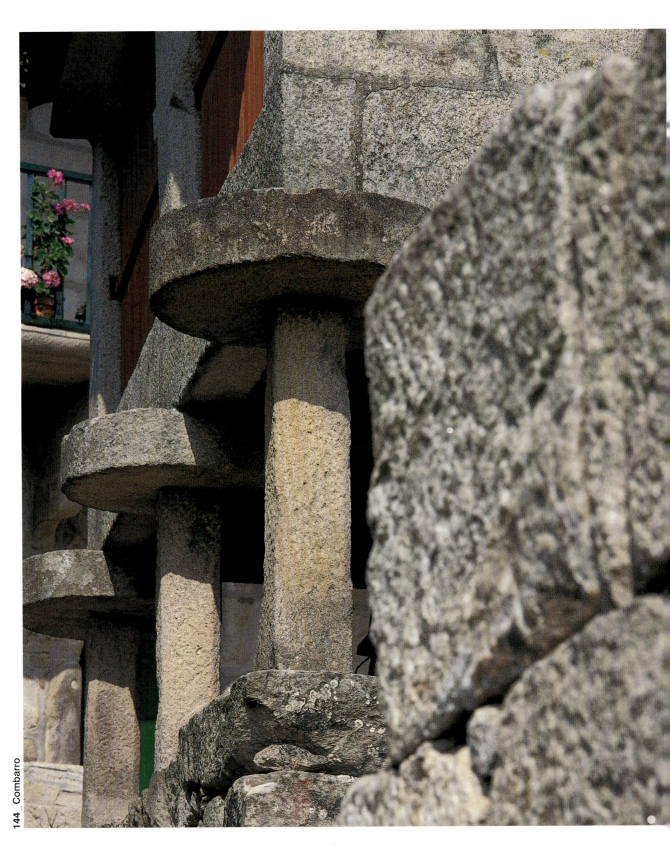

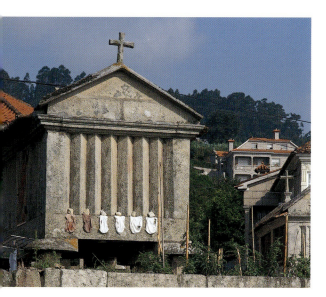

de teja a dos aguas, sostenida por cuatro pilares que las aíslan de la humedad del suelo y protegen de los roedores el grano de maíz o el pescado allí almacenado. Sus paredes tienen oberturas para que el aire ventile el grano y se sequen los boquerones, las sardinas y otros pescados de la ría. Combarro es el único lugar de Galicia donde los hórreos están utilizados también para fines marineros, además del tradicional almacenamiento de alimentos. El nombre con el que también se les conoce, «palleiras», evoca los tiempos en que, en lugar de tejas, estaban cubiertos con paja, como las pallozas. El tejado suele estar rematado por dos cruces en ambos extremos, reflejo de la tradicional religiosidad gallega. El visitante los irá encontrando al albur de su andadura por el pueblo; en Combarro hay unos treinta, la mayoría de ellos construidos al borde del mar.

Las casas marineras del pueblo son de piedra y de pequeñas dimensiones, condicionadas por la escasez de terreno. Se apiñan, con sus solanas balconadas, en la línea de la costa o en las estrechas calles porticadas de la población, que en muchas ocasiones tienen la dura piedra granítica como único pavimento.

No sólo la arquitectura evoca el mar en Combarro, sino que el visitante encontrará continuamente actividades marineras. Las mujeres bajan a mariscar con la marea baja o reparan las redes en las calles y en los muelles. La salida y la llegada de los barcos de pesca es un espectáculo del que nunca se cansará el visitante curioso. Por otra parte, los lugareños salen al mar a pescar en sus pequeñas embarcaciones con la misma naturalidad con que el urbanita visita el supermercado de su barrio.

El centro del casco histórico de Combarro está presidido por la iglesia parroquial de San Roque, una construcción del siglo XVIII, junto al crucero de San Roque, con una imagen del santo y de su perro, «San Roquiño». En principio, se trataba de un simple oratorio, puesto bajo la advocación de san Sebastián. No obstante, una epidemia que diezmó la población llevó a los lugareños a cambiar de valedor y ponerse bajo el patrocinio de san Roque, el protector contra las pestes y las enfermedades.

Los cruceiros

Los cruceiros son una construcción religiosa típica de Galicia y de otras regiones de origen celta. Tienen un origen precristiano, si bien la Iglesia los integró en su iconografía. Solían ponerse en los cruces de caminos, para proteger a los viajeros de los malos espíritus y las meigas. Constan de gradas con escalones, una base cúbica, con epigrafías relativas a su construcción, el fuste y el capitel que sostiene la cruz. En Combarro, las cruces presentan en una cara a Cristo mirando tierra adentro, y en la otra, a la Virgen mirando hacia el mar, como si quisiera proteger bajo su manto a los marineros del pueblo.

O Cebreiro

Lugo

Situación:
En la comarca de Os Ancares, en la provincia de Lugo, Comunidad Autónoma de Galicia.

Población:
1.336 habitantes.

Altitud:
1.396 m

Clima:
Clima oceánico de montaña, con inviernos muy fríos y veranos benignos. Abundantes precipitaciones, en invierno en forma de nieve.

Cómo llegar:
En coche, desde Madrid, por la AP-6 y la A-6; desde Santiago, por la A-54, la N-547 y la C-535.

Temporada de visita:
En primavera, estallido de flores en el entorno del pueblo.

Fiestas:
13 de junio, fiestas de San Antonio de Pedrafita. 8 y 9 de septiembre, romería de la Virgen do Cebreiro y del Santo Milagro do Cebreiro. A finales de marzo, Feira do Queixo.

Información de turismo:
☎ 982 36 70 25

Página web:
www.agalicia.com/pedrafitadocebreiro

Datos de interés:
☑ Conjunto de pallozas, una construcción típica de la sierra de Os Ancares, con el techo de tallos de centeno. Museo Etnográfico en una de las pallozas. Santuario perrománico de Santa María la Real (siglo IX), con cáliz del Santo Milagro, una interesante talla románica de la Virgen de O Cebreiro (siglo XII). Junto a la iglesia, el antiguo hospital de peregrinos, fundado en el siglo IX y donado por Alfonso VI a la abadía de Aurillac.E Excelente queso de Cebreiro con DO.

O Cebreiro_Lugo

El visitante que llega a O Cebreiro quedará impresionado por un tipo de edificación, la palloza, típico de esta zona montañosa de Galicia, del oeste de Asturias y del noroeste leonés. Se trata de una construcción tradicional celta de planta ovalada, con una pared de piedra de unos 1,7 m de altura. La estructura ovalada está cubierta por el *colmo*, paja de centeno entrelazada con tallos de retama a modo de cuerda. La techumbre está sostenida por un palo central, que se bifurca en su extremo superior y se apoya por el inferior sobre una losa plana en el suelo de la palloza. Sobre la bifurcación se apoya un conjunto de palos de madera que sostienen la techumbre a modo de vigas. Su interior está dividido en dos partes, una para el ganado y otra para las personas, esta última con un pequeño dormitorio y un hogar a modo de cocina. Se trata de un magnífico ejemplo de arquitectura rural, de arquitectura sin arquitecto, cuyo diseño ha sido perfeccionado a lo largo de los siglos por generaciones de constructores anónimos que han sabido optimizar los materiales disponibles aplicándolos a cubrir la función que habían de cumplir. En O Cebreiro se puede contemplar el mejor conjunto de pallozas de Galicia, algunas de ellas habitadas hasta 1988. Imprescindible la visita al Museo Etnográfico, instalado en una de ellas.

O Cebreiro está íntimamente vinculado al Camino de Santiago, de hecho, es la primera población que encuentra el peregrino en territorio gallego y aparece ya en las crónicas medievales del Camino como uno de los hitos del mismo. Si bien hay vestigios documentados de la época prerromana, fue con la consolidación de la peregrinación jacobea cuando el pueblo cobró la importancia que hoy tiene.

En invierno, el puerto de O Cebreiro se convertía en un lugar muy peligroso para el peregrino: la nieve borraba el

camino y la niebla cubría con su velo el paisaje, difuminando cualquier punto de referencia. Cuando esto sucedía, los hospitaleros se encargaban de clavar estacas en el camino que sobresalían en la nieve y hacían tañer las campanas para orientar a los peregrinos. En muchas ocasiones, tenían que organizar expediciones en medio de la ventisca para ir a rescatar a caminantes heridos, incapaces de llegar al hospital por sus propios medios. El hospital de O Cebreiro fue fundado en el siglo IX y donado en el siglo XI por el monarca Alfonso VI, rey de Castilla y León, a la abadía de Aurillac, el modelo sobre el que se inspiró al primer cenobio de la orden de Cluny. En la hospedería se descubrió en el año 1952 un bajorrelieve de la Edad de Bronce que representa una escena de caza.

La iglesia románica de Santa María la Real do Cebreiro es el santuario más visitado de Galicia después de la catedral de Santiago y el más antiguo que se conserva entero de la Ruta Jacobea. Según la tradición, fue fundada en el año 836 y, como la vecina hospedería, estuvo vinculada a la orden francesa de Aurillac, hasta que los Reyes Católicos, con motivo de su peregrinación en el siglo XVI, lo donaron a la orden de San Benito. En su interior custodia una hermosa talla románica de la Virgen, del siglo XIII, y el cáliz y la patena del siglo XII en los que se produjo el famoso milagro de la transformación del vino y la sagrada forma de la comunión en la carne y la sangre de Cristo.

Aparte de la belleza del propio pueblo, las vistas desde el mismo son extraordinarias: al norte, las agrestes cumbres de la cordillera Cantábrica; al sur, las lomas gallegas, con sus cimas redondeadas; al este, el paisaje humanizado del Bierzo, con sus viñas y sus campos de cultivos; y al oeste, la cresta que oculta el camino que sigue hasta Santiago.

El padre Valiño

En la década de 1970, en un rincón remoto de los Pirineos navarros, zona tradicional de infiltración de etarras, una pareja de la Guardia Civil descubrió a un hombre que, armado con una brocha, iba pintando flechas en el suelo y en los árboles. Interpelado sobre lo extraño de su conducta, respondió: «Estoy preparando una gran invasión». Se trataba de Elías Valiño, párroco de O Cebreiro entre 1959 y 1989. Convencido de la importancia del Camino en la vertebración cultural europea, dedicó los mejores años de su vida a redescubrir y señalizar la antigua ruta, desde Roncesvalles a Santiago, con flechas de pintura amarilla que el peregrino podía seguir fácilmente.

Santo Domingo de la Calzada

La Rioja

Situación:
A orillas del Oja, a los pies de la sierra de la Demanda, en el extremo occidental de la Comunidad Autónoma de La Rioja.

Población:
6.698 habitantes.

Altitud:
620 m

Clima:
Continental mesetario: inviernos muy fríos, veranos breves y muy cálidos; escasa pluviometría.

Cómo llegar:
En autobús o en coche, desde Bilbao (N-232), Zaragoza (A-68), Logroño (A-12), Burgos (N-120), Madrid (N-111), Soria (RL-115) y Pamplona (N-111).

Temporada de visita:
Todo el año.

Fiestas:
Fiestas de la Cofradía de Santo Domingo de la Calzada (del 25 de abril al 13 de mayo). Sábados, mercadillo.

Información de turismo:
☎ 902 11 26 60 y 941 34 12 38
✉ info@santodomingodelacalzada.org

Página web:
www.santodomingodelacalzada.org

Datos de interés:

☑ El pueblo lleva el nombre de su fundador, santo Domingo. Los principales monumentos son el puente de Santo Domingo (siglo XI), la catedral, levantada en el siglo XII, la magnífica torre campanario exenta del siglo XVIII, la muralla (siglos XIII-XIV), el palacio del obispo Juan del Pino (siglo XIV), el hospital de peregrinos (siglo XI) reconvertido en parador nacional, el convento de San Francisco (siglo XV), el monasterio cisterciense femenino de Nuestra Señora de la Ascensión (siglo XVII) y la casa de Trastámara. No hay que abandonar la ciudad sin haber probado los ahorcaditos, un delicioso dulce local.

Santo Domingo de la Calzada _ La Rioja

El topónimo de Santo Domingo de la Calzada no es sino un acto de justicia hacia el hombre que construyó las instalaciones de ayuda al peregrino que constituyeron el núcleo de la población. Por lo general, los creadores de ciudades suelen ser nobles, militares, reyes o clérigos, gentes poderosas que esperan obtener algún beneficio con dicha fundación. No es éste el caso. Domingo García (1019-1109), más conocido como santo Domingo de la Calzada, construyó un primer puente sobre el río Oja para facilitar el paso de los peregrinos que se dirigían a Santiago. Más tarde, comenzó a construir una calzada de piedra que hizo desviar a los peregrinos de la tradicional ruta romana entre Logroño y Burgos. Para atender mejor a los caminantes, sustituyó el puente de madera por uno de piedra y construyó el hospital para peregrinos y la iglesia anexa. Cuando Alfonso VI conquistó Nájera, comprendió rápidamente las ventajas que para su reino representaba el flujo de peregrinos del Camino de Santiago y, satisfecho por la labor emprendida por Domingo, le dio todo tipo de facilidades, incluyendo terrenos para construir una iglesia. Alrededor de este complejo fue creciendo una población alineada a lo largo del Camino, convertido en calle Mayor, primero en el llamado Barrio Viejo, entre el hospital y la entrada desde Logroño, más adelante en el Barrio Nuevo, entre el hospital y la salida hacia Burgos.

La ciudad estaba rodeada por las murallas que comenzó a construir Alfonso X en el siglo XIII y acabó Pedro I el Cruel en el marco de la guerra dinástica que le enfrentó a su hermanastro bastardo Enrique de Trastámara. La muralla tenía 38 torres de defensa, de planta cuadrada, y siete puertas de arco apuntado. Actualmente quedan 11 torres y un panel de muralla en la esquina noroeste de la ciudad.

Prácticamente adosada a la antigua muralla, en el norte de la ciudad y no en el centro como suele ser habitual, se encuentra la hermosa plaza de España o plaza Mayor, porticada, construida en el siglo XIV detrás de la catedral. A su alrededor se alzan los edificios representativos del poder urbano: el Ayuntamiento, del siglo XVIII; los palacios episcopales, del siglo XV, aunque tan modificados durante los siglos XVI a XVIII que no queda nada de los edificios originales; la alhóndiga, el antiguo almacén y lonja de grano, en la actualidad reconvertido en dependencias municipales; y el

155_ Santo Domingo de la Calzada

Corregimiento de La Rioja y la Cárcel Real, levantados en el siglo XVIII cuando se construyó la torre exenta sobre el que había sido su emplazamiento.

Otra plaza que articula el urbanismo de la ciudad es la del Santo, la que había sido la principal de la ciudad hasta la construcción de la plaza Mayor. En la actualidad, sigue siendo el alma del casco antiguo. A su alrededor se alinean los edificios relacionados con la vida del santo: el antiguo hospital de peregrinos construido en el siglo XI por el mismo santo Domingo, en la actualidad parador nacional, la catedral, la hermosa torre Exenta (siglo XVIII) y la ermita de la Virgen de la Plaza, también del siglo XVIII. La construcción de la catedral corrió a cargo de santo Domingo, bajo el patronazgo del soberano Alfonso VI, que colocó la primera piedra. Fue consagrada en el año 1106, todavía en vida del santo. Se trata de un edificio gótico con planta de cruz latina, algo desdibujada en uno de sus brazos para albergar el sepulcro del santo. Tiene tres naves, separadas por columnatas, y está rematada por tres absidiolos, de los que solamente uno es original. El magnífico retablo renacentista, realizado por el gran escultor valenciano Damián Forment, reúne un conjunto decorativo profano único en la escultura religiosa de la época.

La gallina que cantó después de asada

En la catedral de Santo Domingo hay una jaula gótica con un gallo y una gallina vivos. Se trata de unas aves descendientes de la gallina que, según la leyenda, salió volando del plato del corregidor de la ciudad. Éste, a punto de comerse una gallina asada, recibió la visita de unos padres que le explicaron el milagro que había salvado la vida a su hijo, injustamente condenado a la horca. En tono de burla, éste exclamó: «Esta historia es tan cierta como que esta gallina va a salir volando del plato», cosa que sucedió inmediatamente para confusión del funcionario.

Aranjuez

Comunidad de Madrid

Situación:
En la Comunidad Autónoma de Madrid, a 47 km al sur de la capital.

Población:
52.224 habitantes.

Altitud:
494 m

Clima:
Continental, muy frío en invierno, muy cálido en verano, escasa pluviometría.

Cómo llegar:
Desde Madrid, en tren, autobús o en coche, por la A-4. Desde Toledo, por la N-400.

Temporada de visita:
Todo el año, pero en primavera y otoño los jardines tienen un encanto especial.

Fiestas:
30 de mayo, fiestas de San Fernando; 2 de septiembre, fiesta del Motín.

Información de turismo:
☎ 91 891 04 27 ✉ infoturismo@aranjuez.es

Página web:
www.aranjuez.es

Datos de interés:

- Conjunto arquitectónico y paisajístico creado en 1722 a instancias de Felipe V como palacio real. Inspirándose en Versalles, acondicionó alrededor del palacio extensos jardines a la francesa, con arriates geométricos, fuentes, cascadas, estanques y profusión de esculturas neoclásicas. Los sucesores de Felipe V dejaron también su huella en la villa: Carlos III hizo construir el Real Cortijo de San Isidro y el Teatro Coliseo; y Carlos IV, el jardín del Príncipe, la casa del Labrador, la casa de Godoy y la de los duques de Medinaceli. Sugerencia gastronómica: imprescindible probar el faisán en época de caza.

Aranjuez_Comunidad de Madrid

Cuando ascendió al trono español Felipe V, el primer monarca de la dinastía francesa de los Borbones, nieto de Luis XIV y nacido en Versalles, descubrió la austeridad en la que habían vivido los monarcas españoles de la casa de Austria. Acostumbrado al boato y al confort de la corte francesa, uno de sus primeros cuidados fue la construcción de una serie de palacios, los Reales Sitios, por lo general diseñados por arquitectos franceses o italianos, destinados a convertirse temporalmente en residencia real y capital del reino. La corte borbónica era, efectivamente, una corte trashumante, que se desplazaba de un sitio real a otro según la época del año, con una precisión de calendario solar. Así, gracias a la voluntad real de tener una red de palacios estratégicamente situados en lugares de gran belleza o con caza abundante, fueron construidos o totalmente reformados los Reales Sitios de La Granja de San Ildefonso, el Palacio Real de Madrid, el del Pardo, el de la Zarzuela y el de Aranjuez.

Este último está situado entre el Tajo y el Jarama, lo que garantiza agua abundante para regar los jardines y crear los juegos hidráulicos tan apreciados por los paisajistas franceses. Hay que destacar que la construcción del Palacio Real y de los jardines se hizo en general respetando el entorno natural, lo que ha permitido en la actualidad crear una serie de paseos históricos que recorren bosques, jardines, palacios, en un *continuum* en el que no siempre es fácil distinguir lo natural de lo que es obra de la mano del hombre, y cuando

se distingue, hay que rendirse ante la belleza y la armonía creada por tal maridaje.

La joya arquitectónica de Aranjuez es sin duda el Palacio Real, con sus jardines del Parterre, de estilo inglés, el de la Isla, así llamado por su situación entre el Tajo y la Ría, y el del Príncipe, de tipo francés. Sin embargo, no es el único edificio monumental construido allí por los Borbones. Como se ha reseñado anteriormente, Carlos III hizo construir el Cortijo de San Isidro, con la ermita homónima y la Real Bodega, una explotación agrícola ideal que no sobrevivió al monarca, y el Campo Flamenco, otra plantación modélica, con cría de gusanos de seda e hilado de dicho tejido. Carlos IV fue el último Borbón que dejó su impronta en Aranjuez, con la construcción de numerosos palacios, como el de Marinos, y las citadas casas del valido Godoy y de los infantes.

Si bien fue Felipe V el promotor del palacio y los jardines de Aranjuez, poco hizo para facilitar el alojamiento de las numerosas personas que seguían a la familia real en sus desplazamientos: sirvientes, funcionarios, militares y nobles cortesanos que tenían que conformarse con las rústicas construcciones semihundidas en el terreno que allí existían. Fue Fernando VI quien decidió derogar una disposición de Felipe II que prohibía la construcción de viviendas en Aranjuez y promovió la edificación de una ciudad de nueva planta, la actual villa. En 1740, el arquitecto italiano Giacomo Bonavia, ayudado por Alejandro González Velázquez, se encargó de

planificar el nuevo núcleo urbano, posteriormente modificado por Sabatini y Villanueva. Las calles se tiraron a cordel, con racionalismo neoclásico, con diferentes plazas salpicando el entramado urbano. Todo estaba previsto: viviendas jerarquizadas según el estatus social de sus moradores, palacios para los cortesanos, casas para los artesanos. Todo estaba estudiado para crear una sensación de armonía: la altura de los edificios, la anchura de las calles, el diseño de las fachadas. Todo este conjunto se ha mantenido casi intacto, ofreciendo hoy al visitante la posibilidad de gozar de un conjunto urbanístico del siglo XVIII concebido por los mejores arquitectos de la época.

El tren de la fresa

El 9 de febrero de 1851, se inauguró la línea férrea Madrid-Aranjuez, más conocida como «el tren de la fresa», pues en dicha inauguración transportó una cesta de dichos frutos, los primeros de la temporada, para su majestad Isabel II. La línea férrea era la tercera que se construía en España, después de la que en 1837 unió La Habana y Bejucal, en la entonces española isla de Cuba, y la Barcelona-Mataró, la primera de la Península. En la actualidad, un tren con vagones de madera remolcados por una antigua locomotora de vapor revive aquellos viajes del siglo XIX para disfrute de los turistas.

San Lorenzo de El Escorial

Comunidad de Madrid

Situación:
En la sierra del Guadarrama, Comunidad Autónoma de Madrid.
Población:
17.346 habitantes.
Altitud:
1.032 m
Clima:
Continental, matizado por la altitud; inviernos muy fríos, veranos agradables.
Cómo llegar:
Desde Madrid, en autobús, tren o coche, por la AP-6 y la A-6.
Temporada de visita:
En verano la temperatura es muy agradable.
Fiestas:
10 de agosto, fiesta patronal de San Lorenzo; 8 de septiembre, romería de la Virgen de Gracia.
Información de turismo:
☎ 91 890 53 13
Página web:
www.sanlorenzoturismo.org

Datos de interés:
☑ El pueblo se articula alrededor del Real Monasterio de San Lorenzo de El Escorial y de sus dependencias anexas, construidos en el siglo XVI con el patrocinio de Felipe II y la dirección arquitectónica de Juan Bautista de Toledo y Juan de Herrera. El siguiente impulso urbanístico se produjo en el siglo XVIII, cuando Carlos III derogó la prohibición decretada por Felipe II de construir en las inmediaciones del recinto monástico e hizo edificar una serie de inmuebles, obra de Juan de Villanueva.

San Lorenzo de El Escorial_Comunidad de Madrid

El 10 de agosto de 1557, se produjo en la localidad francesa de San Quintín una batalla decisiva entre el ejército español y una coalición francoalemana. La contienda se saldó con una estrepitosa derrota de las fuerzas galas y Felipe II, para conmemorar su victoria, decidió construir un monasterio que llevara el nombre del santo del día. El lugar elegido para ello fue un llano en la sierra Carpetana, a 47 km de Madrid. Para conservar el entorno natural y mantener el lugar libre de población ajena a la vida del monasterio-residencia real, el monarca no sólo adquirió los terrenos necesarios para la construcción del mismo, sino también diferentes fincas de los alrededores, como la Herrería, la Fresneda, el Campillo, Monesterio y El Escorial. Felipe II no dudó en expulsar a los habitantes de las aldeas así adquiridas cuando lo creyó oportuno.

El monarca, que a lo largo de sus numerosos viajes por Italia y Flandes había adquirido notables conocimientos de arquitectura, encargó el diseño y la dirección de la obra a Juan Bautista de Toledo, que no pudo ver su obra acabada, pues murió en 1567. Le sucedió su ayudante, Juan de Herrera, que introdujo notables cambios en los planos originales.

La primera piedra fue colocada el 23 de abril de 1563 y la obra se completó en 1584.

Vistas las diferentes funciones del proyecto (monasterio, iglesia, palacio y panteón reales), Felipe II y Juan Bautista de Toledo concibieron El Escorial como una ciudad perfecta articulada alrededor de tres conjuntos arquitectónicos: la villa de El Escorial para los cortesanos, el monasterio para los monjes y el rey, y la Granjilla de la Fresneda para el esparcimiento del rey y de los monjes.

El monasterio es de estilo renacimiento (Juan Bautista de Toledo había trabajado bastantes años en Roma y en Florencia), aunque mucho más sobrio que los modelos italianos. Las fachadas son un buen ejemplo de dicha austeridad: se trata de inmensos lienzos de granito sin salientes ni adornos, tan sólo las necesarias líneas de ventanas sin cor-

nisas ni decoración alguna. Ni siquiera las torres esquineras sobresalen de la fachada para no romper la continuidad del plano. Sólo en la fachada principal lucen tres frontones que sobresalen por encima de las cubiertas para subrayar la importancia de las tres puertas sobre las que se proyectan.

En la construcción del monasterio, que tiene forma de parrilla invertida –según algunos historiadores, en recuerdo del martirio de san Lorenzo–, se usó exclusivamente piedra granítica de la sierra de Guadarrama. El conjunto es de planta cuadrada y consta de tres cuerpos longitudinales de los que el central es el eje que articula el conjunto. Lo forman la iglesia-panteón y el llamado patio de los Reyes. A ambos lados de la iglesia se encuentran las dependencias palaciegas, mientras que alrededor del patio de los Reyes se organiza el espacio monástico.

Para atender las necesidades de la Casa Real y del monasterio, fueron construidos fuera del recinto otros edificios, como las dos primeras Casas de Oficios y Ministerios, obra de

169 San Lorenzo de El Escorial

Juan de Herrera; la Casa de los Doctores y Catedráticos, también de Herrera; la Casa de la Compaña, obra de Francisco de Mora; o la Cachicanía.

Ya en el siglo XVIII, Carlos III promovió la construcción de diferentes edificios que constituyen la cara neoclásica del conjunto arquitectónico. Corrieron a cargo de su arquitecto de confianza, Juan de Villanueva, la Casa de los Infantes y de la Reina, la Casita del Infante o de Arriba, la Tercera Casa de Oficios y el Hospital de Inválidos y Voluntarios a Caballo; también corrió a cargo de Juan de Villanueva, pero por encargo de Carlos IV, la Casa de las Familias de los Infantes. Por último, el Real Coliseo fue creación de Jaime Marquet por encargo de Carlos III.

La biblioteca del Real Monasterio

Se trata de una nave diseñada por Juan de Herrera, de 54 m de longitud, 9 m de anchura y 10 m de altura. Está rematada con una bóveda de cañón cubierta de frescos del pintor italiano Pellegrino Tebaldi. Su creación fue un proyecto personal de Felipe II, que pretendía reunir allí todo el saber de su época. El mismo monarca aportó todos sus libros (unos 4000) como depósito inicial de la misma. El fondo se amplió con otras importantes donaciones, diferentes compras, la recuperación de obras prohibidas por la Inquisición y la aportación involuntaria del sultán de Marruecos Muley Zidán, cuya biblioteca fue capturada por buques españoles cuando era trasladada en un barco francés.

Lorca

Región de Murcia

Situación:
En la sierra del Caño, Región de Murcia.
Población:
89.606 habitantes.
Altitud:
553 m
Clima:
Mediterráneo, inviernos benignos, veranos calurosos, escasa pluviometría.
Cómo llegar:
Desde Madrid, en tren, con cambio en Murcia; en coche, por la R-4, la AP-36, la A-31, la A-30 y la A-7. Lorca tiene tres aeropuertos cercanos: el de Almería, a 139 km, el de San Javier (Murcia), a 106 km; y el de Altet (Alicante), a 150 km.
Temporada de visita:
Todo el año.
Fiestas:
Semana Santa, declarada Fiesta de Interés Turístico Nacional; tercer fin de semana de septiembre, Feria de Septiembre; el 23 de noviembre, Fiestas de Moros y Cristianos.
Información de turismo:
☎ 968 44 19 14 / 968 46 61 57 ✉ ciudaddelsol@lorca.es
Página web:
www.lorca.es

Datos de interés:

- ☑ Situada entre la sierra del Caño y la huerta, en el corredor mediterráneo, Lorca domina desde su castillo amurallado el valle del Guadalentín. Los edificios más emblemáticos del poder están situados en los aledaños de la Plaza mayor: Ayuntamiento (siglos XVI-XVIII), colegiata de San Patricio (siglo XVI), Pósito y Carnicerías (siglo XVI) o Casa del Corregidor (siglo XVI). Ciudad de acendrada religiosidad, tiene numerosas iglesias, como las San Francisco (siglos XVI-XVII), Santa María (siglo XV), San Pedro (siglo XV), San Juan (siglo XVI, muy reformada). Imprescindible probar la olla gitana, el potaje local.

Lorca_Región de Murcia

Al visitante que se acerque a la ciudad le admirará la imponente y sólida silueta del castillo en lo alto de la colina que la domina, con sus altos muros almenados y sus macizas torres de defensa. Fue construido durante la ocupación musulmana, aunque la actual estructura de la fortaleza se remonta en realidad al siglo XIII, con numerosas modificaciones posteriores.

La ciudad ha sido habitada desde la prehistoria, como documenta el menhir de Serrata, del III milenio a.C. Las recientes excavaciones han puesto al descubierto restos arqueológicos que van del neolítico a la ocupación musulmana. Lorca vivió su primera edad de oro económica bajo la administración romana, como documentan los abundantes hallazgos de explotaciones agrícolas de la época en la vega del Guadalentín. No se conserva documentación sobre la dominación visigótica, lo que lleva a pensar a los historiadores que se trató de un período de decadencia, como sucedió en tantos otros núcleos urbanos a lo largo y ancho de la Península.

La ocupación musulmana de Lorca, la cual llegó a tener en algún momento rango de capital, hizo vivir una segunda edad de oro a la ciudad, volcada en la agricultura y el comercio. Sin embargo, su posterior integración en la corona de Castilla en el siglo XIII la convirtió en ciudad fronteriza; fue en aquel momento cuando la antigua alcazaba árabe se convirtió en el magnífico castillo amurallado que domina la villa.

La conquista del reino de Granada por los Reyes Católicos en 1492 cambió radicalmente la vida de la ciudad. Ya no era ciudad fronteriza y pudo por fin comenzar a expansionarse fuera de sus murallas. De aquella época datan algunos de sus edificios más monumentales: el Ayuntamiento, ampliado en el siglo XVIII; la Casa del Corregidor, construida en la plaza de los caños, en el solar que ocupaba el antiguo Ayuntamiento; las sedes de dos instituciones decisivas para garantizar el abastecimiento alimentario de la ciudad, el Pósito de grano y las Carnicerías; el convento de mercedarias de Madre de Dios de la Consolación; la casa de los Salazar-Rosso, actual Museo Arqueológico (una visita muy interesante); y la colegiata de San Patricio, construida en 1533, la mayor iglesia de la ciudad, levantada para conmemorar la victoria de la batalla de los Alporochones que enfrentó a lorquianos y musulmanes el 17 de marzo de 1452, onomástica del santo irlandés.

Durante el siglo XVII se abatieron sobre la ciudad una sucesión de desastres que diezmaron su población: epidemias de peste, terremotos, sequías, crecidas del Guadalentín, plagas de langosta, etcétera. Hay muy pocos edificios significativos de esta época. El más representativo es la Casa Guevara, conocida también como Casa de las Columnas, con una hermosa portada barroca, flanqueada por dos columnas salomónicas y rematada por un frontón cuadrado con el escudo de la familia.

Con el reformismo borbónico comenzó en la ciudad una época de fuerte expansión económica. Esta bonanza se reflejó en la gran actividad constructora del siglo XVIII, que configuró el actual aspecto de la ciudad. Se derribó entonces la antigua cárcel, que ocupaba la actual ala sur del Ayuntamiento, y se amplió el edificio consistorial respetando el estilo de la parte antigua.

También del siglo XVIII son el colegio de la Purísima, actual Conservatorio de Narciso Yepes, atribuido al arquitecto Lucas de los Corrales, el claustro del convento de la Merced, un edificio de origen medieval, con intervenciones de los siglos XV y XVIII, la capilla del Rescate, que hoy día alberga el Museo del Bordado del Paso Blanco, la capilla del Rosario, la iglesia del Carmen y, aunque construidas originalmente en el siglo XVII, las capillas del Calvario creadas por los franciscanos y reformadas con posterioridad en el siglo de las luces.

La Semana Santa

Desde el Viernes de Dolores hasta el Domingo de Resurrección, Lorca vive intensamente la celebración de la Semana Santa, una sucesión de actos religiosos de gran belleza y emotividad. Las diferentes cofradías rivalizan entre ellas durante diez días desfilando en procesiones y escenificando episodios bíblicos con un derroche de atrezo, de vestidos ricamente bordados, pasos con tallas extraordinarias, cánticos de himnos. Cada cofradía tiene su banda de música, sus carrozas, sus caballos, la belleza del desfile exalta la religiosidad de los lorquianos, que lanzan flores al paso de las imágenes de la Virgen en sus diferentes advocaciones.

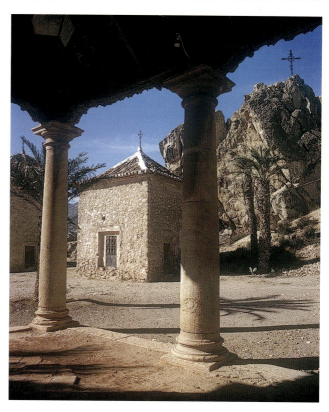

Estella

Navarra

Situación:
A orillas del río Ega, en la comarca de Lizarrerría, en el sudeste de la Comunidad Foral de Navarra.

Población:
12.535 habitantes.

Altitud:
420 m

Clima:
Clima continental suavizado por las montañas circundantes.

Cómo llegar:
En coche, desde Pamplona (45 km) o Logroño (49 km), por la A-12; desde San Sebastián (104 km), por la N-120; y desde Vitoria (70 km), por la N-132-A. En autobús, desde Pamplona, Logroño, San Sebastián y Zaragoza.

Temporada de visita:
Todo el año.

Fiestas:
La Feria del Ganado de San Andrés, a finales de noviembre; a comienzos de agosto, fiestas patronales de Nuestra Señora del Puy; cada jueves, mercadillo.

Información de turismo:
☎ 948 55 63 01   ✉ oit.estella@navarra.es

Página web:
www.estella-lizarra.com

Datos de interés:

☑ Estella se organiza a lo largo del Camino de Santiago, al que debe históricamente su gran prosperidad. La ciudad tiene un conjunto urbano románico sin parangón en la Península: iglesias como la de San Pedro de la Rúa (siglo XIII), la de San Miguel (siglo XII) y la del Santo Sepulcro (siglos XII-XVI), o el palacio de los Reyes de Navarra (siglo XII), llamado también de los Duques de Granada de Ega, uno de los escasos monumentos románicos civiles españoles.

Estella_Navarra

Aunque se han encontrado restos de la Edad de Bronce y está documentada la existencia de una población romana en los alrededores de la ciudad, la población fue fundada en el 1090 por Sancho Ramírez, rey de Navarra y Aragón. El monarca vio enseguida el interés que tenía para la corona la afluencia de peregrinos jacobeos, que constituían un considerable flujo comercial que enriquecía los territorios a lo largo del Camino, pero que también era portador de nuevas ideas y corrientes artísticas. En el tramo que discurría por las laderas de Montejurra, los caminantes eran asaltados con frecuencia, lo que decidió al monarca a crear una ciudad amurallada, Estella, defendida por una fortaleza, el castillo de Zalatambor. Para garantizar los servicios que precisaban los peregrinos, el monarca atrajo a Estella a colonizadores francos, de las regiones de Auvernia y el Lemosín, que crearon un núcleo de activos comerciantes y agricultores. Pronto se les unió una comunidad judía, que llegó a ser casi tan importante como las de Pamplona y Tudela.

En 1187, el rey Sancho el Sabio decidió autorizar el asentamiento de pobladores navarros en un burgo próximo, llamado de San Juan, con un fuero semejante al de la Estella franca. Al cabo de unas décadas, en 1226, se fundieron ambos burgos con el del Arenal para formar un solo municipio.

Pronto el flujo de peregrinos y las posibilidades comerciales que suponía atrajeron a más mercaderes francos y judíos, que convirtieron a Estella en una isla urbana dentro de la ruralizada Navarra. Durante el siglo XII la ciudad conoció un notable desarrollo económico que se reflejó en una gran expansión urbana. De aquel siglo datan la mayoría de los monumentos que convierten a Estella en la capital del románico navarro.

La iglesia románica de San Pedro de la Rúa domina la ciudad con su maciza silueta que evoca más una fortaleza que un templo. La orografía del terreno en que se asienta determinó el perfil de su planta, una de cuyas naves laterales es más estrecha que la otra. En su interior se conserva una

reliquia de san Andrés, el patrón de la ciudad, hallada en el siglo XII en la tumba de un peregrino enterrado en la iglesia. Es notable su claustro, del que sólo quedan dos alas, pues las otras dos fueron destruidas por los materiales que le cayeron encima en el siglo XVI cuando Fernando el Católico mandó volar el castillo de Zalatambor.

La construcción de la iglesia de San Miguel, comenzada también en el siglo XII, se prolongó durante bastantes décadas, lo que se tradujo en una mayor diversificación de estilos. El conjunto presenta exteriormente un aspecto tardorrománico, aunque en la parte alta de sus tres naves apunta ya el gótico: arcos ojivales simples en las naves laterales y los brazos del transepto, y de crucería en la nave central. Su portada meridional, del siglo XIII, es de una riqueza iconográfica extraordinaria: la adornan más de 100 figuras rodeando el Cristo en Majestad del tímpano semicircular.

El palacio de los Reyes de Navarra o palacio de los Duques de Granada de Ega, también del siglo XII, es el único edificio civil de estilo románico de Navarra. Se conserva de él la estructura exterior, con magnífica fachada de dos pisos, con cuatro arcos de medio punto en el inferior y cuatro grandes ventanales compuestos a su vez con cuatro arquillos apuntados.

Otros edificios destacados del siglo XII son las iglesias de San Pedro de Lizarra, la del Santo Sepulcro (aunque acabada en el siglo XVI) y la de Santa María Jus del Castillo. Completan el rico patrimonio medieval de la localidad el convento de Santa Clara (siglos XIII-XVI) y la iglesia de San Juan Bautista (siglo XIV).

> **E**n la mayoría de las iglesias románicas que conocemos, los artistas que esculpieron las tallas de los pórticos o de los capiteles quedaron en el anonimato. Sin embargo, no siempre fue así: en Estella, una de las arcadas del claustro de San Pedro de la Rúa está sostenida por un conjunto de cuatro columnas «retorcidas» sobre sí mismas, muy parecidas a las que se pueden encontrar en los claustros de Burgo de Osma y de Santo Domingo de Silos. Algunos estudiosos sostienen que un mismo escultor talló las columnas y los capiteles de dichos claustros y quiso «firmar» su obra con este alarde de virtuosismo escultórico.

Morella

Castellón

Situación:
En la comarca de Els Ports, provincia de Castellón, Comunidad Valenciana.

Población:
2.711 habitantes.

Altitud:
984 m

Clima:
Mediterráneo de montaña, con inviernos muy fríos, veranos muy calurosos y escasa pluviometría.

Cómo llegar:
Desde Zaragoza (165 km) y desde Vinaroz (62 km), por la N-323. Varias líneas de autobuses comunican Morella con Castellón, Vinaroz y Peñíscola.

Temporada de visita:
Primavera y otoño.

Fiestas:
17 de enero, fiestas de San Antonio; cada seis años, fiesta del Sexenni, en honor de la Virgen de Vallivana; procesiones de Semana Santa; en agosto, festival de música barroca. Jueves y domingo, mercadillo.

Información de turismo:
☎ 964 17 30 32   ✉ morella@touristinfo.net

Página web:
www.morella.net

Datos de interés:
☑ Espectacular castillo medieval (siglo IX) que domina la ciudad. Muralla con 14 torreones y seis puertas de entrada. Iglesia de Santa María la Mayor (siglos XIII-XV), con un magnífico retablo churrigueresco y el órgano de Turull (siglo XVIII). Convento de San Francisco (siglo XII). En las inmediaciones, acueducto de Arcos de Santa Lucía (siglos XIV-XV) y pinturas rupestres de estilo levantino. Artesanía textil de mantas y alforjas. Especialidades gastronómicas: cecina, jamones y ternasco a la morellana.

La línea del horizonte de Morella no puede ser más sugestiva: un recinto amurallado situado en lo alto de un cerro, sobre el que sobresalen las agujas de sus iglesias y, rematando el conjunto, el imponente castillo.

La ciudad de Morella está estratégicamente situada en una zona que ha sido tradicionalmente fronteriza entre los reinos de Valencia y de Aragón. Las más antiguas civilizaciones han dejado su huella en Morella, como las pinturas rupestres de estilo levantino de la Valltorta o el tesoro de monedas griegas, actualmente en la Bibliothèque Nationale de France, que documentan el comercio con los mercaderes helenos. Atraídos por su estratégica posición, por Morella pasaron los cartagineses, los romanos, los visigodos y los musulmanes, antes de que la ciudad fuera integrada en el reino de Aragón, en el siglo XIII.

La ciudad forma un semicírculo sobre las laderas sur y este de una empinada colina. Tiene dos tipos de calles: las que siguen las curvas de nivel en un plano horizontal y las que las cruzan trepando cuesta arriba, a veces formando escalinatas. La visita al pueblo puede consistir pues en un tranquilo paseo llano, por sus calles porticadas alrededor de la ladera, o una pequeña sesión de alpinismo urbano. Una de las calles más her-

mosas de la población es la de Balasc d'Alagó, porticada, con numerosas casas blasonadas. En dicha calle se encuentran numerosos palacios construidos entre los siglos XV y XVIII, todos cuidadosamente restaurados y algunos adaptados a nuevas funciones, como el hermoso edificio gótico del Ayuntamiento (siglo XIV) o el palacio del cardenal Ram (siglo XV), actualmente una confortable instalación hotelera; pueden citarse también en la misma calle los palacios de Piquer (siglo XVI), del marqués de Cruïlles (siglo XVI) o la Casa Ciurana (siglo XIV).

El castillo que domina la ciudad está construido sobre una muela de 1.070 m de altitud sobre la que está enrocado y de la que parece una prolongación. De hecho, el peñón es ya una fortaleza natural por sí mismo y la construcción del castillo se vio condicionada por lo abrupto del terreno, al que se iban adaptando los muros de la fortaleza. La primera construcción documentada es la romana, si bien a lo largo de la historia ha sufrido numerosas intervenciones por parte de visigodos, musulmanes, aragoneses y españoles, la última de ellas en el siglo XIX. El conjunto defensivo consta de tres recintos amurallados concéntricos. El anillo exterior alberga la entrada y el palacio del gobernador; el segundo, las baterías de artillería; y el central, el castillo propiamente dicho. Durante

191_Morella

las guerras carlistas fue atacado por las fuerzas liberales que dispararon miles de proyectiles contra sus muros. Uno de ellos alcanzó la estancia que servía de santabárbara a las tropas carlistas, provocando la explosión de sus municiones y dañando seriamente la fortaleza.

En la actualidad, se accede al castillo por el convento de San Francisco, situado en la plaza homónima, al pie del mismo. Se trata de un cenobio gótico, con una iglesia de la misma época, convertido en Museo Etnológico. En la misma plaza se encuentra también el antiguo convento de las agustinas. La iglesia arciprestal de Morella es tal vez el templo gótico más bello de la comunidad valenciana. Fue construido en el siglo XIII, con planta basilical, dividida en tres naves. Tiene dos pórticos, el de los Apóstoles y el de las Vírgenes, de gran riqueza escultórica. Su extraordinario coro del siglo XV, aislado sobre cuatro columnas, es obra de Pere Segarra.

La ciudad está enteramente rodeada por un recinto amurallado con catorce torreones y cinco puertas: Sant Mateu, Sant Miquel, dels Estudis, del Rei y de Forcall. La muralla fue levantada durante el reinado de Pedro III, entre los años 1324 y 1330, sobre las antiguas defensas del siglo XI, dañadas por las tropas del Cid durante el asedio al que sometió la ciudad en el año 1084. Tienen 2.500 m de perímetro, una altura media de 10 m y unos 2 m de grosor. Están almenadas y disponen de saeteras. En el año 1934, se decidió destruir una parte del muro para facilitar el acceso rodado al centro urbano.

El tigre del Maestrazgo

Ramón Cabrera Griñó (1806-1877), conde de Morella, conocido por su ferocidad como «el Tigre del Maestrazgo», fue un dirigente guerrillero carlista que combatió en la comarca de Els Ports de Morella. Sus éxitos militares le valieron pronto el grado de comandante general del Bajo Aragón. En 1838, conquistó la inexpugnable Morella, desde donde siguió combatiendo a las tropas isabelinas, incluso después del convenio de Vergara, que había puesto fin a la guerra fratricida. Vencido por el general Espartero en 1840, se marchó al exilio en Francia. Al estallar la segunda guerra carlista, regresó a combatir en Cataluña y, derrotado de nuevo, se exilió definitivamente en el Reino Unido.

Peñíscola

Castellón

Situación:
En una pequeña península en la provincia de Castellón, Comunidad Valenciana.

Población:
7.560 habitantes.

Altitud:
46 m

Clima:
Mediterráneo, con inviernos benignos y veranos calurosos y secos.

Cómo llegar:
En coche, desde Valencia y Castellón, por la A-7; desde Barcelona, por la AP-7. En autobús o en tren, desde Madrid, Castellón, Barcelona, Zaragoza y Bilbao.

Temporada de visita:
Todo el año; mejor evitar el mes de agosto, por la masiva afluencia de turistas.

Fiestas:
El 7 de septiembre, Fiesta Mayor de la Mare de Déu de l'Ermitana, con encierros y desfile de moros y cristianos; 29 y 30 de abril, Fallas. Domingos, mercadillo.

Información de turismo:
☎ 964 48 17 29 ✉ peniscola@touristinfo.net

Página web:
www.peniscola.es

Datos de interés:
- Conjunto arquitectónico amurallado literalmente metido en el mar. Murallas sur y este de los siglos XIII y XIV, portal de Sant Pere o embarcadero del Papa Luna; muralla de la Fuente (siglos XIV-XV), conjunto fortificado del siglo XVI, inconcluso; portal Fosc, del siglo XVI, obra de Herrera. Parque botánico de Artillería, con especies autóctonas y un impresionante conjunto fortificado, obra de Antonelli; puerta de Santa María (siglo XVIII); ermita de Santa Ana (siglo XIX), en la plaza de Les Encaseres. Artesanía local: cerámica azul; gastronomía: arroces fabulosos, *suquets* de pescado.

Peñíscola_Castellón

El visitante tendrá la sensación de estar haciendo un viaje en el tiempo. Todo en el casco antiguo de la ciudad evoca el pasado: sus estrechas calles empedradas con cantos rodados, las coquetas plazuelas, las murallas a orillas del mar, acentuando todavía más lo escarpado de sus acantilados.

Peñíscola está situada en una península rocosa unida a tierra firme por un tómbolo de unos 200 m de longitud. Hasta la construcción del puerto y de diferentes edificios sobre el istmo, éste no era más que una estrecha lengua de arena periódicamente cubierta por el mar, que convertía la ciudad en una isla ceñida por sus murallas, una auténtica fortaleza inexpugnable. A ello contribuía también la presencia de manantiales de agua potable, gracias a lo cual, en caso de asedio, los defensores podían resistir indefinidamente.

Hay constancia de ocupación humana en los alrededores de Peñíscola desde la prehistoria. Los yacimientos arqueológicos de Els Barrancs documentan la presencia de una población de ilercavones, una etnia íbera, y de su relación comercial con comerciantes fenicios. Como en tantos lugares de la costa mediterránea ibérica, pasaron por allí cartagineses, griegos y romanos. Peñíscola fue puerto griego con el nombre de *Jersónesos* («península» en griego), puerto romano con el nombre de Peñíscola (derivado del latín *paeninsula*) y puerto musulmán con el nombre de *Banískula*. Desde allí realizaban los sarracenos incursiones piratas contra las costas del reino de Aragón. Finalmente conquistada por Jaime I en 1233, fue incorporada al reino de Aragón. Tras ser moneda de cambio en diferentes

ocasiones, en 1294 la ciudad pasó a manos de la orden del Temple, que convirtió la antigua alcazaba árabe en el castillo-convento que podemos contemplar en la actualidad. El castillo fue construido entre 1294 y 1307 en el más puro estilo templario, tomando como modelo el castillo de Miravet. Presenta un gran patio de armas alrededor del cual se distribuían el cuerpo de guardia, las dependencias palaciales, entre ellas los salones del Comendador y del Cónclave, la basílica y una terraza mirador que en principio debía ser el dormitorio de los templarios, si bien no llegó a construirse. En efecto, la disolución de la orden en 1312 interrumpió las obras, que ya no fueron proseguidas según el mismo proyecto por la orden de Montesa, a quien correspondió el castillo. En el siglo XV, el Papa Luna hizo notables reformas, especialmente la torre donde estableció su residencia y biblioteca, y las escaleras talladas en la roca para acceder directamente al mar.

En el siglo XVI, Felipe II decidió fortificar la ciudad para protegerla de los piratas berberiscos, en una época en que los turcos y sus aliados amenazaban la preeminencia cristiana en el Mediterráneo. Encargó las obras a su arquitecto militar, Giovanni Bautista Antonelli, que construyó las imponentes murallas que ciñen la ciudad, con sus peculiares garitas esquineras, desde el parque de Artillería hasta el baluarte de Santa María. El conjunto de murallas y castillo fue dañado considerablemente durante las guerras de Sucesión (1700-1714) y de Independencia (1808-1814). En la actualidad, el parque de Artillería ha sido convertido en jardín botánico con especies de la sierra de Irta, en una bonita combinación con la arquitectura militar original.

Otros monumentos de visita recomendada son la iglesia parroquial de Santa María, un hermoso templo gótico del siglo XV con elementos anteriores de estilo románico, como la portada y la iglesia de Santa María la Ermitana, erigida en el siglo XVIII

a los pies del castillo, de estilo barroco valenciano, que alberga en su interior la imagen de la patrona de la ciudad que, según la tradición, fue llevada allí por Santiago Apóstol en persona.

El Papa Luna

En un momento de terribles tensiones en la Iglesia, Pedro Martínez de Luna (1328-1424), el papa Luna, conspiró en todas las cortes europeas, cambiando de bando tantas veces como le convino. Nombrado papa en Aviñón en 1378, no fue reconocido por la curia romana, que eligió a su vez a Inocencio VII. Como solución de compromiso, se intentó la elección de un nuevo papa «neutral», Alejandro V, con lo que Iglesia se encontró con tres papas al tiempo. Finalmente, Inocencio y Juan XXIII, el sucesor de Alejandro, decidieron abdicar en el Concilio de Constanza (1414), pero Luna se negó a ello. Abandonado por sus partidarios, se retiró a Peñíscola, donde residió hasta su muerte.

Laguardia

Álava

Situación:
En La Rioja alavesa, provincia de Álava, Comunidad Autónoma del País Vasco.

Población:
1.506 habitantes.

Altitud:
635 m

Clima:
La sierra de Cantabria protege a la comarca de los vientos fríos y lluviosos del norte, creando un microclima muy benigno de transición atlántico-mesetario.

Cómo llegar:
Desde Vitoria, en coche, por la A-2124; desde Logroño, por la LR-132. Autobuses desde ambas capitales.

Temporada de visita:
Todo el año. En otoño el paisaje es especialmente atractivo.

Fiestas:
De San Juan y San Pedro, entre el 24 y 29 de junio, con encierros y comitivas de dulzaineros y danzarines. Fiestas de San Juan Degollao el 29 de agosto. Festival Internacional de Cine y Gastronomía a comienzos de mayo.

Información de turismo:
☎ 945 60 08 45   ✉ turismo@laguardia-alava.com

Página web:
www.laguardia-alava.com

Datos de interés:
- Todo el pueblo rezuma historia; recinto amurallado con cinco puertas de acceso; iglesias de Santa María de los Reyes (siglos XII-XIV), con la torre abacial (siglo XIII), y San Juan Bautista, un templo fortificado construido entre los siglos XIII y XV. Casas señoriales blasonadas; en la plaza Mayor, edificio del antiguo Ayuntamiento con las armas de Carlos V y las medidas estándar de la época: vara, teja y ladrillo; desde el parque del Collado, magnífica panorámica sobre el llano. Vinos de altísima calidad: son imprescindibles las visitas a las bodegas.

Laguardia_Álava

Laguardia está situada entre la cordillera Cantábrica, al norte, y el río Ebro, al sur, lo que confiere al término municipal una suave pendiente. La existencia de un notable conjunto de monumentos megalíticos, el más importante de Euskadi, demuestra la presencia de poblamiento humano ya en el neolítico. Existen también vestigios arqueológicos, como el horno de alfarero llamado Las Pilas del Camino de Logroño, que documentan la ocupación romana del territorio. Sin embargo, hay que buscar el origen de la ciudad, como suele ser frecuente en la Península, en las necesidades defensivas surgidas en la Edad Media. En efecto, la comarca era zona de frontera con dos reinos cuya vocación expansionista amenazaba la integridad de Navarra: el emirato de Córdoba y el reino de Castilla. Por ello, en el 908, el rey navarro Sancho Abarca decidió construir una fortaleza sobre una colina que dominaba toda La Rioja alavesa para proteger aquella vulnerable región fronteriza. El castillo, que llegó a ser residencia real en diferentes ocasiones, tuvo una gran importancia militar hasta el siglo xv, en que Navarra pasó a formar parte del reino de Castilla y desapareció su función defensiva. La fortaleza recuperó su valor estratégico en el siglo xix con motivo de la guerra de la Independencia y las guerras carlistas. Fueron precisamente las tropas del pretendiente Carlos las que derruyeron el castillo durante la última guerra carlista. En la actualidad, prácticamente sólo quedan del mismo las dos torres, convertidas en campanarios, que coronan la villa.

En 1165, Sancho VI el Sabio (1150-1194) concedió a la población el fuero que la convertía en villa franca, con libertad de mercado y exención de impuestos. Estas ventajas económicas provocaron una notable expansión demográfica de Laguardia, al acudir a instalarse allí muchos mercaderes y artesanos.

En cualquier caso, la función defensiva de la villa seguía siendo prioritaria para la corona de Navarra, y así el rey Sancho VII el Fuerte (1194-1234) decidió construir unas murallas para defenderla mejor. El recinto, que partía del casti-

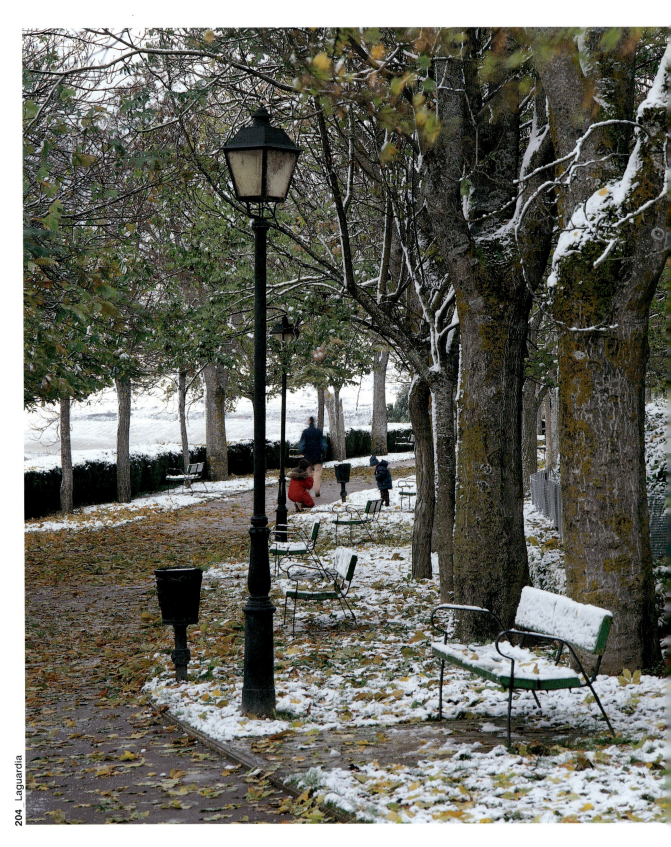

llo, tenía una serie de robustos torreones de planta cuadrada y cuatro puertas (en el siglo XV se le añadió una quinta). Entre estas últimas destaca por su belleza la de San Juan Bautista, que se ha convertido en la torre campanario de la iglesia homónima. La muralla sufrió serios desperfectos a manos de las tropas francesas en el marco de la guerra de la Independencia. Durante dicho conflicto, el comandante de las tropas españolas ordenó la demolición de gran parte de las murallas para que no fueran aprovechadas por los franceses en caso de que éstos recuperaran la ciudad. Durante las guerras carlistas, las murallas sufrieron también daños considerables. En la actualidad, quedan lienzos de la misma, en algunos de los cuales se han construido casas empotradas.

Con los Reyes Católicos y la unificación de facto de la corona española, Laguardia dejó de ser una plaza fuerte siempre disputada entre los reinos y vivió una época de paz y de expansión económica debida, sobre todo, a la producción de vino. De esta época son muchas de las mansiones señoriales de la villa, así como la mayoría de las bodegas, las «cuevas», como las llaman allí, que minan a 6 m de profundidad el subsuelo de la villa.

La ciudad ha conservado el carácter medieval en sus calles porticadas y en su plaza Mayor, junto a la puerta de Carnicerías o puerta Nueva. Sorprenderá al visitante la profusión de hornacinas con santos que encontrará en las fachadas. Se trata de un vestigio de las antiguas vecindades, unas organizaciones cívico-militares de defensa puestas bajo la advocación de un santo.

Félix María de Samaniego

El famoso fabulista nació en Laguardia en el año 1745, en el seno de una familia acomodada. Realizó estudios en un colegio francés, donde se interesó por las ideas enciclopedistas, y después de cursar dos años de Derecho, abandonó los estudios formales para dedicarse a la literatura. Miembro de la Asociación Vascongada de Amigos del País, leyó allí sus primeras fábulas. Perseguido por la Inquisición por sus ideas avanzadas y sus poesías eróticas, agrupadas en *El jardín de Venus*, pasó varios meses preso en un convento. Pero sin duda alguna su obra más conocida son las *Fábulas*, protagonizadas por animales, en las que caricaturiza las miserias de la condición humana.

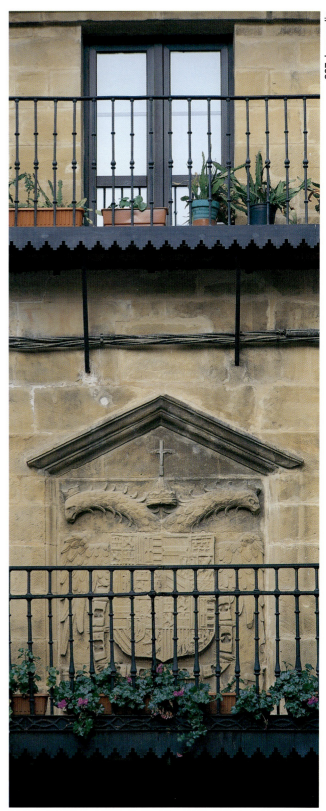

Ondárroa

Vizcaya

Situación:
En la comarca de Lea-Artibai, provincia de Vizcaya, Comunidad Autónoma del País Vasco.

Población:
8.987 habitantes.

Altitud:
8 m

Clima:
Atlántico; temperaturas moderadas, muy lluvioso.

Cómo llegar:
En coche o autobús, desde Bilbao, por la N-634 y la BI-633; desde San Sebastián, por la A-8 y la GI-638.

Temporada de visita:
En primavera y verano hay menos posibilidades de lluvia.

Fiestas:
Del 14 al 17 de agosto. El 17 de agosto, Día del Marinero, todo el pueblo se viste de marinero típico; en mayo, Feria de la Anchoa; el 6 de agosto, fiesta de la sidra y la carne.

Información de turismo:
☎ 946 83 19 51   ✉ turismobulegoa@ondarroakoudala.net

Página web:
www.ondarroa.eu

Datos de interés:

☑ Magnífico casco histórico medieval, organizado en tres calles: Goiko, Ipar y Handi. La villa está volcada al mar, visita indispensable al Puerto Viejo y al puerto pesquero de Egidazu Kaia. Iglesias de Santa María (siglo xv), de la Virgen de la Antigua (siglo xi, reformada en el xviii); ermitas del Padre Eterno (siglo xiv), San Juan (siglo xv) y Santa Clara (siglo xvi); torre Etxeandia (siglo xv) y los puentes: el Puente Viejo, reconstruido en 1961, el de la Playa, un curioso puente giratorio peatonal, y el Itsas Aurre, un proyecto vanguardista de Calatrava. Rica gastronomía marinera, *marmitako*, bonito y anchoas.

Ondárroa_Vizcaya

Parece como si la cordillera Cantábrica que, con sus ganas de asomarse al mar apenas deja una estrecha franja costera para la agricultura, hubiera expulsado a los habitantes de Ondárroa al océano. Se trata de una población marinera por excelencia, la pesca es allí más que un trabajo, más que una forma de ganarse la vida: es la vida misma. La población está situada al fondo de una amplia bahía, sobre los antiguos arenales en la orilla izquierda del río Artibai, que forma en su desembocadura una pequeña ría. Río y mar confunden sus aguas al ritmo de las mareas para que hasta el agua dulce sea marinera en Ondárroa.

El núcleo primitivo de la población estaba situado entre el Puente Viejo y la iglesia de Santa María. Dicho puente, que había sustituido en el siglo XVIII la vieja construcción de madera medieval, fue destruido por una riada en 1958 y reconstruido reproduciendo el original perdido. Ha tenido gran importancia en la vida ondarresa. En efecto, desde la Edad Media, suponía una apreciable fuente de ingresos, pues Alfonso XI (1311-1350) concedió a la villa la explotación del puente, con derecho a cobrar peaje a los transeúntes, y por los animales y las mercancías que transportaran. Además, permitía a los ondarreses el acceso a la única fuente del pueblo, situada en la otra orilla del río. A su alrededor se fue formando el puerto fluvial primitivo.

La villa cuenta además con otros dos puentes. El peatonal, o Perrotxiko, construido en 1927, es una estructura metálica giratoria, de modo que permite el paso de los barcos atracados en la ría. Hasta la construcción del moderno puente de Calatrava, era la única vía de acceso directa desde el paseo a la playa y hasta hace poco tiempo había que pagar peaje para cruzarlo.

El puente más moderno de la ciudad es el Itsas Aurre, construido por Calatrava, con el diseño típico del famoso arquitecto-ingeniero. Enmarca las casas del pueblo entre sus dos columnas, creando un bellísimo contraste entre modernidad y tradición.

El casco viejo de Ondárroa está formado por tres calles en abanico, Goiko, Ipar y Handi, que bajan hacia el río hasta

211_Ondárroa

confluir en el vértice, la plaza y la iglesia de Santa María. Este templo de estilo gótico tardío fue construido en el último tercio del siglo XV, aunque sufrió reformas en los siglos XVII y XIX. Tiene tres naves de la misma altura y está cubierto con un tejado a dos aguas. Es característico el grupo de esculturas de estilo borgoñón sobre uno de sus muros, los *kortxelekomamus*, que representan a una serie de personajes de una corte medieval, uno de los cuales, llamado Leokadi, es el protector de los ondarreses. Destaca en la fachada una cenefa con decoraciones florales y animales y, sobre ésta, una cresteria con motivos geométricos. Las gárgolas que coronan sus muros representan animales. No se trata, sin embargo, del templo más antiguo de la ciudad, honor que recae en la iglesia de la Virgen de Antigua, del siglo XI, aunque reformada en el XVIII y con un campanario del XIX.

En 1793, la ciudad sufrió un pavoroso incendio a manos del ejército francés en el marco de la guerra de la Convención. Las llamas acabaron con la mayoría de los edificios ondarreses. La torre Likona fue uno de los pocos que se salvaron de las llamas. Se trata de una torre fortaleza urbana del siglo XV, típicamente vasca. Sus fachadas presentan gran diversidad para poder adaptarse a los desniveles del terreno. Perteneció a la linajuda familia Likona y en ella nació la madre de san Ignacio, miembro de la misma.

Como no podía ser menos en un pueblo volcado desde siempre en la actividad pesquera, uno de los edificios más emblemáticos de la ciudad es la Cofradía de Pescadores de Santa Clara, construida a principios del siglo XX.

ⓘ

La rivalidad entre Ondárroa y su vecina Lequeitio se pierde en la noche de los tiempos, es anterior incluso a la fundación de ambas villas. La primera disputa está documentada en una sentencia de 1338, que tras años de disputas autorizaba a los lequeitianos a explotar la madera de los bosques limítrofes de Amallo. En el mar, la pesca costera de la ballena produjo cientos de conflictos sobre la disputa de las capturas, que los pescadores de ambas localidades pretendían haber avistado o incluso arponeado antes que sus vecinos. Ya en el siglo XX, en 1926, a raíz de la victoria de los ondarreses en la regata de la Concha, se produjo una serie de violentas disputas que requirieron la intervención gubernamental.